CODE PRATIQUE DES LOIS

SUR LES DROITS ET TAXE DE

TIMBRE, TRANSMISSION ET REVENU

DES

TITRES DES SOCIÉTÉS FRANÇAISES ET ÉTRANGÈRES

SUIVI DE LA

LOI DU 14 JUILLET 1874 SUR LES SOCIÉTÉS

ET DE MODÈLES DE DÉCLARATION D'EXISTENCE, D'ENGAGEMENT DE REPRÉSENTANT RESPONSABLE, DE RELEVÉ DE CONVERSIONS ET TRANSFERTS ET D'ÉTATS DE SITUATION TRIMESTRIELLE

PAR

F. BOURGADE

Ancien Receveur de l'Enregistrement et du Timbre,
Auteur du *Dictionnaire des lois et decrets codifiés sur le timbre et l'enregistrement*, du *Guide pratique de l'enregistrement*, du *Visa pour timbre des titres étrangers*. etc., etc.

DEUXIÈME ÉDITION

PARIS
A. RAMÉ, IMPRIMEUR-ÉDITEUR
6, RUE D'ABOUKIR, 6

MAI 1876

CODE PRATIQUE DES LOIS

SUR LES

VALEURS FRANÇAISES ET ÉTRANGÈRES

CODE PRATIQUE DES LOIS

SUR LES DROITS ET TAXE DE

TIMBRE, TRANSMISSION ET REVENU

DES

TITRES DES SOCIÉTÉS FRANÇAISES ET ÉTRANGÈRES

SUIVI DE LA

LOI DU 14 JUILLET 1874 SUR LES SOCIÉTÉS

ET DE MODÈLES DE DÉCLARATION D'EXISTENCE, D'ENGAGEMENT DE REPRÉSENTANT RESPONSABLE, DE RELEVÉ DE CONVERSIONS ET TRANSFERTS ET D'ÉTATS DE SITUATION TRIMESTRIELLE

PAR

F. BOURGADE

Ancien Receveur de l'Enregistrement et du Timbre,
Auteur du *Dictionnaire des lois et décrets codifiés sur le timbre et l'enregistrement,* du *Guide pratique de l'enregistrement,* du *Visa pour timbre des titres étrangers*, etc., etc.

DEUXIÈME ÉDITION

PARIS
A. RAMÉ, IMPRIMEUR-ÉDITEUR
6, RUE D'ABOUKIR, 6

MAI 1876

DIVISION DE L'OUVRAGE

SECTION Ire.

SOCIÉTÉS, COMPAGNIES ET ENTREPRISES FRANÇAISES.

SECTION II.

SOCIÉTÉS, COMPAGNIES ET ENTREPRISES ÉTRANGÈRES.

SECTION III.

VILLES, PROVINCES, CORPORATIONS ÉTRANGÈRES, ÉTABLISSEMENTS PUBLICS ÉTRANGERS.

SECTION IV.

APPENDICE.

CODE PRATIQUE DES LOIS

SUR LES

VALEURS FRANÇAISES ET ÉTRANGÈRES

SOCIÉTÉS, COMPAGNIES ET ENTREPRISES

SECTION Ire. — Sociétés, compagnies et entreprises françaises.
SECTION IIe. — Sociétés, compagnies et entreprises étrangères.

SECTION Ire.

SOCIÉTÉS, COMPAGNIES ET ENTREPRISES FRANÇAISES.

1re partie. — *Timbre au comptant; droit d'abonnement.*
2e partie. — *Droit de transmission.*
3e partie. — *Taxe sur le revenu.*

1re PARTIE. — TIMBRE AU COMPTANT; DROIT D'ABONNEMENT.

§ 1. Actions.

Loi du 5 juin 1850.

Apposition du timbre. — Art. 16.
Cessions d'actions. — Art. 25.

Communication des registres à souche. — Art. 16.
Contraventions aux articles 14 et 16. — Art. 18.
Contravention aux dispositions du règlement. — Art. 23.
Droit proportionnel au comptant sur le capital nominal ou sur le capital réel. — Avance du droit. — Valeur de 20 en 20 francs. — Décimes. Art. 14.
Droit d'abonnement. — Capital nominal. — Capital réel. — Lieu et date du paiement. — Application des articles 16 et 18. — Art. 22.
Insertion au *Moniteur* équivalant à apposition du timbre. — Art. 20.
Renouvellement des titres énoncés à l'art. 20. — Art. 21.
Renouvellement d'une société. — Certificats d'actions timbrés. — Art. 26.
Sociétés en liquidation. — Sociétés improductives. — Dispense du droit. — Art. 24.
Titre renouvelé ou transféré. — Art. 17.
Titre non timbré cédé ou transféré. — Agent de change. — Courtier. — Amende. — Art. 19.

§ 2. Obligations négociables des départements, communes, établissements et compagnies.

Application des articles 19, 23 et 25 aux titres compris en l'art. 27. — Art. 32.
Contravention aux articles 27 et 28. — Art. 29.
Droit d'abonnement. — Délai et lieu de paiement. — Application des art. 22 et 28. — Décimes. — Art. 31.
Registre à souche. — Communication. — Art. 28.
Timbre proportionnel au comptant sur le montant du titre. — Avance du droit. — Décimes. — Art. 27.

DISPOSITIONS GÉNÉRALES.

Enonciation dans les actes de titres assujettis au timbre. — Art. 49.

§ 3. Application du timbre sur les actions et les obligations.

DÉCRET DU 27 JUILLET 1850.

Création de nouveaux types. — Timbrage. — Art. 3.
Timbrage à Paris. — Départements. — Timbrage en cas d'abonnement. Seine. — Départements. — Art. 4.

§ 4. Crédit foncier.

Abonnement. — Lettres de gage. L. 8 juillet 1852. — Art. 28.
— — L. 5 juin 1850. — Art. 27.
— — L. 30 mars 1872. — Art. 1.

§ 1er. Actions.

Loi du 5 juin 1850.

Art. 14. *Droit proportionnel au comptant sur le capital nominal.* — Chaque titre ou certificat d'action, dans une société, compagnie ou entreprise quelconque, financière, commerciale, industrielle ou civile, que l'action soit d'une somme fixe ou d'une quotité, qu'elle soit libérée ou non libérée, émis à partir du 1er janvier 1851, sera assujetti au timbre proportionnel de cinquante centimes pour cent francs du capital nominal pour les sociétés, compagnies ou entreprises dont la durée n'excédera pas dix ans, et à un pour cent pour celles dont la durée dépassera dix années.

Capital réel. — A défaut de capital nominal, le droit se calculera sur le capital réel, dont la valeur sera déterminée d'après les régles établies par les lois sur l'enregistrement.

Loi du 22 frimaire an VII. — Art. 16. Si les sommes et valeurs ne sont pas déterminées dans un acte ou un jugement donnant lieu au droit proportionnel, les parties seront tenues d'y suppléer, avant l'enregistrement, par une déclaration estimative, certifiée et signée au pied de l'acte.

Avance du droit. — L'avance en sera faite par la compagnie, quels que soient les statuts.

Valeurs de 20 *francs en* 20 *francs.* — La perception de ce droit proportionnel suivra les sommes et les valeurs de 20 francs en 20 francs inclusivement et sans fractions.

(*Décimes.* — Il est ajouté deux décimes au principal des droits de timbre de toute nature. — Loi du 23 août 1871, art. 2.)

Art. 15. Abrogé. (Loi du 23 juin 1857, art. 11.)

Art. 16. *Apposition du timbre.* — Les titres ou certificats d'actions seront tirés d'un registre à souche; le timbre sera apposé sur la souche et le talon.

Communication du registre. — Le dépositaire du registre sera tenu de le communiquer aux préposés de l'enregistrement, selon le mode prescrit par l'art. 54 de la loi du 22 frimaire an VII, et sous les peines y énoncées.

Refus de communication. — Tout refus de communication sera constaté par procès-verbal et puni d'une amende de 100 à 1,000 fr.

Art. 17. *Titre renouvelé ou transféré.* — Le titre ou certificat d'action, délivré par suite de transfert ou de renouvellement, sera timbré à l'extraordinaire ou visé pour timbre gratis, si le titre ou certificat primitif a été timbré.

Art. 18. *Contravention aux articles* 14 *et* 16. — Toute société, compagnie ou entreprise qui sera convaincue d'avoir émis une action en contravention à l'art. 14 et au premier paragraphe de l'art. 16, sera passible d'une amende de douze pour cent du montant de cette action.

Art. 19. *Titre non timbré cédé ou transféré. — Amende. — Agent de change ou courtier.* — L'agent de change ou le courtier qui aura concouru a la cession ou au transfert d'un titre ou certificat d'action non timbré, sera passible d'une amende de dix pour cent du montant de l'action.

Art. 20. *Titres délivrés antérieurement au* 1er *janvier* 1851. — Il est accordé un délai de six mois pour faire timbrer à l'extraordinaire ou viser pour timbre sans amende, et au droit proportionnel de cinq centimes par cent francs, conformément à l'art. 1er, les titres ou certificats d'actions qui auront été, en contravention aux lois existantes, délivrés antérieurement au 1er janvier 1851. Le droit sera perçu sur la représentation du registre à souche, ou tout autre constatant la délivrance du certificat, et l'avance en sera faite par la compagnie, la société ou l'entreprise. — Le délai de six mois expiré, la société, la compagnie ou l'entreprise sera, en cas de contravention, passible de l'amende déterminée par l'art. 18.

Insertion au Moniteur. — L'avis officiel de l'acquittement du droit, inséré dans le *Moniteur*, équivaudra à l'apposition du timbre pour les titres et certificats énoncés au premier paragraphe de cet article.

Art. 21. *Renouvellement des titres énoncés en l'art.* 20. — L'art. 17 ne sera pas applicable aux renouvellements des titres énoncés en l'art. 20. Ces renouvellements resteront assujettis au timbre déterminé par cet article, et les cessions des titres ainsi renouvelés au droit d'enregistrement fixé par les lois anciennes, s'il résulte du titre nouveau que le titre primitif avait été émis antérieurement au 1er janvier 1851.

Art. 22. *Droit d'abonnement.* — Les sociétés, compagnies ou entreprises pourront s'affranchir des obligations imposées par les articles 14 et 20, en contractant avec l'État un abonnement pour toute la durée de la société.

Annualité et quotité de droit. — *Capital nominal.* — Le droit sera annuel, et de cinq centimes par cent francs du capital nominal de chaque action émise.

Capital réel. — A défaut de capital nominal, il sera de cinq centimes par cent francs du capital réel, dont la valeur devra être déterminée conformément au deuxième paragraphe de l'article 14.

Lieu et date du payement du droit. — Le payement du droit sera fait, à la fin de chaque trimestre, au bureau de l'enregistrement du lieu où se trouvera le siége de la société, de la compagnie ou de l'entreprise.

Abonnement : Application des articles 16 *et* 18. — Même en cas d'abonnement, les articles 16 et 18 resteront applicables.

Règlement d'administration publique. — Un règlement d'administration publique déterminera les formalités à suivre pour l'application du timbre sur les actions.

Art. 23. *Contraventions aux dispositions du règlement.* — Chaque contravention aux dispositions de ce règlement sera passible d'une amende de 50 fr.

Art. 24. *Sociétés en liquidation. — Sociétés improductives. — Dispense du droit.* — Seront dispensées du droit les sociétés, compagnies ou entreprises abonnées, qui, depuis leur abonnement, se seront mises ou auront été mises en liquidation. — Celles qui, postérieurement à leur abonnement, n'auront, dans les deux premières années, payé ni dividendes, ni intérêts, seront aussi dispensées du droit, tant qu'il n'y aura pas de répartition de dividendes ou de payements d'intérêts. — Jouiront de la même dispense, les sociétés et compagnies qui, dans les deux dernières années antérieures à la promulgation de la présente loi, n'auront payé ni dividendes, ni intérêts, à la charge, toutefois, par elles, de s'abonner dans les six mois qui suivront cette promulgation, et de payer le droit annuel à partir de la première répartition de dividendes ou du premier payement d'intérêts.

Art. 25. *Cessions d'actions faites en conformité de l'article* 1690 *du Code civil.* — Les dispositions des articles précédents ne s'appliquent pas aux actions dont la cession n'est parfaite à l'égard des tiers, qu'au moyen des conditions déterminées par l'article 1690 du Code civil, ni à celles qui en ont été formellement dispensées par une disposition de loi.

Art. 1690 du Code civil. — Le cessionnaire n'est saisi à l'égard des tiers que par la signification du transport faite au débiteur. — Néanmoins le cessionnaire peut être également saisi par l'acceptation du transport faite par le débiteur dans un acte authentique.

Art. 26. *Renouvellement d'une société.* — Dans le cas de renouvellement d'une société ou compagnie constituée pour une durée n'excédant pas dix années, les certificats d'actions seront de nouveau soumis à la formalité du timbre, à moins que la société ou compagnie n'ait contracté un abonnement qui, dans ce cas, se trouvera prorogé pour la nouvelle durée de la société.

§ 2. Obligations négociables des départements, communes, établissements publics et compagnies.

Art. 27. *Timbre proportionnel au comptant sur le montant des titres.* — Les titres d'obligations souscrits à compter du 1er janvier 1851, par les départements, communes, établissements publics et compagnies, sous quelque dénomination que ce soit, dont la cession, pour être parfaite à l'égard des tiers, n'est pas soumise aux dispositions de l'article 1690 (précité), seront assujettis au timbre proportionnel de un pour cent du montant du titre.

Avance du droit. — L'avance en sera faite par les départements, communes, établissements publics et compagnies.

Valeurs de 20 francs en 20 francs. — La perception du droit suivra les sommes et les valeurs de 20 francs en 20 francs inclusivement, et sans fraction.

(*Décimes.* — Ce droit est assujetti à deux décimes. — Lois des 23 août 1871, art. 2, et 30 mars 1872, art. 3.)

Art. 28. *Registres à souche.* — Les titres seront tirés d'un registre à souche.

Communication du registre. — Le dépositaire du registre sera tenu de le communiquer aux préposés de l'enregistrement, selon le mode prescrit par l'article 54 de la loi du 22 frimaire an VII, et sous les peines y énoncées.

Art. 29. *Contraventions aux articles 27 et 28.* — Toute contravention à l'article 27 et au 1er paragraphe de l'article

28, sera punie contre les départements, communes, établissements publics et sociétés, d'une d'une amende de dix pour cent du montant du titre.

Art. 30. *Délai pour l'acquittement du droit au moment de la promulgation de la loi.* — Les départements, communes, établissements publics et compagnies auront un délai de six mois, à partir de la promulgation de la présente loi, pour faire timbrer à l'extraordinaire, sans amende, ou viser pour timbre, au droit fixé par les lois existantes, les titres compris dans l'article 27, et souscrits antérieurement au 1er janvier 1851. — Ce délai expiré, les départements, communes, établissements publics et compagnies seront passibles de l'amende déterminée par l'article 29.

Art. 31. *Droit d'abonnement.* — Les départements, communes, établissements publics et compagnies pourront s'affranchir des obligations imposées par les articles 27 et 30, en contractant avec l'État un abonnement pour toute la durée des titres.

Annualité et quotité du droit. — Le droit sera annuel, et de cinq centimes par cent francs du montant de chaque titre.

Délai et lieu du payement. — Le payement du droit sera fait à la fin de chaque trimestre au bureau d'enregistrement du lieu où les départements, communes, établissements publics et compagnies auront le siége de leur administration.

Application des articles 22 et 28 en cas d'abonnement. — En cas d'abonnement, le dernier paragraphe de l'article 22 et l'art. 28 seront applicables.

(*Décimes.* — Droit assujetti aux deux décimes. — Lois des 23 août 1871, art. 2, et 30 mars 1872, art. 3.)

Art. 32. *Articles applicables aux titres compris en l'article 27.* — Les articles 19, 23 et 25 sont applicables aux titres compris en l'article 27.

DISPOSITIONS GÉNÉRALES.

Art. 49. *Enonciation dans les actes de titres (français) assujettis au timbre.* — Lorsqu'un effet, certificat d'action, titre, livre, bordereau, police d'assurance, ou tout autre acte sujet au timbre et non enregistré, sera mentionné dans un acte public, judiciaire ou extrajudiciaire, et ne devra pas être représenté au receveur lors de l'enregistrement de cet acte, l'officier public ou officier ministériel sera tenu de déclarer expressément dans l'acte, si le titre est revêtu du timbre prescrit, et d'énoncer le montant du droit de timbre payé. En cas d'omission, les notaires, avoués, greffiers, huissiers et tous autres officiers publics seront passibles d'une amende de 10 francs pour chaque contravention.

§ 3. Application du timbre sur les actions et les obligations.

DÉCRET DU 27 JUILLET 1850.

Art. 3. *Création de nouveaux types.* — Il sera créé six nouveaux types pour l'exécution des dispositions des titres 2 et 3 de la loi du 5 juin 1850. Ces types, conformes aux modèles ci-annexés, seront employés pour le timbrage, soit au comptant, soit pour abonnement des actions dans les sociétés, des obligations négociables des départements, communes, établissements publics, d'assurances autres que les assurances maritimes.

Art. 4. *Timbrage à Paris.* — Les actions dans les sociétés et les obligations négociables mentionnées dans l'article précédent ne pourront être timbrées au comptant qu'à l'atelier-général du timbre à Paris, où elles seront frappées, à partir du 1er janvier 1851, d'un timbre noir et d'un timbre sec. Le timbre sec sera celui dont il est fait usage pour les formules d'effets de commerce et de lettres de voiture.

Départements. — Les sociétés, départements, communes, établissements publics et compagnies qui auront, dans les départements autres que celui de la Seine, à faire timbrer des actions ou obligations, devront les remettre, en feuilles détachées et en payant comptant les droits au receveur du timbre extraordinaire, au chef-lieu de chaque département. Ces titres seront transmis, par la poste, à l'Administration centrale de l'enregistrement, qui les fera timbrer sur la souche et le talon, conformément aux articles 16 et 28 de la loi, et les renverra immédiatement, ainsi qu'il est pratiqué pour les formules d'effets de commerce et de lettres de voiture, conformément à l'art. 6 de la loi du 11 juin 1842, et de l'ordonnance du même jour. (Voir ci-dessus les articles 16 et 28 : *Registres à souche*).

Timbrage en cas d'abonnement. — En cas d'abonnement pour les actions à émettre et les obligations à souscrire, à partir du 1er janvier 1851, des timbres spéciaux seront appliqués sur la souche et le talon de ces titres au chef-lieu du département ou l'abonnement aura été souscrit, et la formalité sera donnée après la souscription de cet abonnement. Ces timbres, au nombre de deux, ne diffèrent des autres types que par la légende, qui portera ces mots : *Action-abonnement* ou ceux-ci : *Obligation-abonnement.*

Département de la Seine. — Dans l'exergue des timbres d'abonnement qui seront destinés au département de la Seine, on placera le mot *Seine.*

(Pour les autres départements, la griffe portant le nom du département a été supprimée par décret du 8 octobre 1864, art. 1er.) L'article 2 de ce décret dispose que : les timbres en usage dans ces départements porteront un numéro ou un signe spécial pour chaque département. Ces dispositions ont été confirmées par l'art. 1er du décret du 12 juin 1869.

§ 4. Crédit foncier.

Loi du 8 juillet 1852.

Art 29. *Abonnements.* — *Lettres de gage.* — Le droit de

timbre fixé pour les lettres de gage du Crédit foncier à 50 centimes par 1,000 francs, conformément à l'article 1er de la loi du 5 juin 1850, pourra être perçu par voie d'abonnement annuel à raison de... (5 c. — Loi 30 mars 1872, art. 1 ci-dessous) centimes par 1,000 francs du total des lettres de gage en circulation, suivant le mode réglé par l'article 37 de la loi du 5 juin 1850.

Loi du 5 juin 1850. — Art. 37. L'abonnement de l'année courante se calculera sur le chiffre total des opérations de l'année précédente. Le payement du droit sera fait par moitié et par semestre au bureau de l'enregistrement du lieu où se trouvera le siége de l'établissement.

Loi du 30 mars 1872.

Art. 1. *Taux d'abonnement.* — Le taux d'abonnement au timbre des lettres de gage et obligations du Crédit foncier, fixé par l'article 29 de la loi du 8 juillet 1852, est élevé à 5 centimes par 1,000 francs.

2e PARTIE. — DROIT DE TRANSMISSION.

§ 1. Actions et obligations.

Lois des 23 juin 1857, 30 mars et 20 juin 1872.

Conversion (faculté de). — L. 23 juin 1857. — Art. 8.
Contravention à la loi et au réglement. — L. 23 juin 1857. — Art. 10.
Droit proportionnel. — Titres nominatifs. — L. 23 juin 1857. — Art. 6.
Droit proportionnel. — Titres au porteur. — Taxe annuelle et obligatoire sur le capital. — A défaut de capital, déclaration. — L. 23 juin 1857. — Art. 6.
Relevé trimestriel des transferts et des conversions. — Etat des actions et obligations soumises à la taxe annuelle. — Date des dépôts. — L. 23 juin 1857. — Art. 7.
Tarif. — L. 29 juin 1872. — Art. 3.
Titres au porteur. — Paiement et avance du droit. — L. 23 juin 1857. — Art. 7.
Transferts de titres nominatifs. — Perception et avance du droit. — L. 23 juin 1857. — Art. 7.
Valeur négociée. — L. 30 mars 1872. — Art. 1er.

§ 1. Actions et obligations.

LOI DU 23 JUIN 1857.

Art. 6. *Droit proportionnel. — Titres nominatifs. — Valeur négociée.* — Indépendamment des droits (de timbre) établis par le titre II (art. 14 et suivants) de la loi du 5 juin 1850, toute cession de titres ou promesses d'actions et d'obligations dans une société, compagnie ou entreprise quelconque, financière, industrielle, commerciale ou civile, quelle que soit la date de sa création, est assujettie, à partir du 1er juillet 1857, à un droit de transmission de .... centimes (50 centimes sans décimes, loi du 29 juin 1872, art. 3) par 100 francs de la valeur négociée.

LOI DU 30 MARS 1872. — Art. 1. *Valeur négociée.* — Ces droits (ceux de transmission sur les titres nominatifs et les titres au porteur) seront perçus à l'avenir sur la *valeur négociée*, déduction faite des versements restant à faire sur les titres non entièrement libérés.

LOI DU 29 JUIN 1872. — Art. 3. A partir de la promulgation de la présente loi, le taux des droits et taxe établis par la loi du 23 juin 1857 et par celles des 16 septembre 1871 et 30 mars 1872, est réduit ainsi qu'il suit, savoir : — à 50 centimes par 100 francs pour la transmission ou la conversion des titres nominatifs ; — à 20 centimes par 100 francs pour la taxe à laquelle sont assujettis les titres au porteur. — Ces droits et taxe ne sont pas soumis aux décimes.

Titres au porteur sur le capital. — Taxe annuelle et obligatoire. — Ce droit, pour les titres au porteur, et pour ceux dont la transmission peut s'opérer sans un transfert sur les registres de la société, est converti en une taxe annuelle et obligatoire de ... centimes (20 centimes, sans addition de décimes, Loi du 29 juin 1872, art 3 ci-dessus) par 100 francs du capital desdites actions et obligations, évalué par le cours moyen de l'année précédente, et, à défaut de cours dans cette année, conformément aux règles établies par les lois sur l'enregistrement.

LOI DU 22 FRIMAIRE AN VII. — Art. 16. Si les sommes et valeur ne sont pas déterminées, dans un acte ou un jugement donnant lieu au droit proportionnel, les parties seront tenues d'y suppléer, avant l'enregistrement, par une déclaration estimative, certifiée et signée au pied de l'acte.

Art. 7. *Titres nominatifs. — Transferts sur les registres de la société. — Perception du droit. — Avance du droit par les sociétés.* — Le droit pour les titres nominatifs, dont la transmission ne peut s'opérer que par un transfert sur les registres de la société, est perçu, au moment du transfert, pour le compte du Trésor, par les sociétés, compagnies et entreprises, qui en sont constituées débitrices par le fait du transfert.

Titres au porteur. — Paiement du droit. — Avance du droit par les sociétés. — Le droit sur les titres mentionnés au § 2 de l'article précédent est payable par trimestre et avancé par les sociétés, compagnies et entreprises, sauf recours contre les porteurs desdits titres.

Relevé trimestriel des transferts et des conversions. — État des actions et obligations soumises à la taxe annuelle. — Date des dépôts. — A la fin de chaque trimestre, lesdites sociétés sont tenues de remettre au receveur de l'enregistrement du siége social, le relevé des transferts et des conversions, ainsi que l'état des actions et obligations soumises à la taxe annuelle. (Voir *Modèles de relevé et états,* pages 21 et 22.)

Art. 8. *Faculté de conversion. — Droit de transmission.* — Dans les sociétés qui admettent le titre au porteur, tout propriétaire d'actions et obligations a toujours la faculté de convertir ses titres au porteur en titres nominatifs, et réciproquement. Dans l'un et l'autre cas, la conversion donne lieu au droit de transmission.

Art. 9. *Réglement d'administration publique.* — Un réglement d'administration publique déterminera toutes les mesures nécessaires pour l'exécution de la présente loi.

Art. 10. *Contraventions.* — Toute contravention aux présentes dispositions et à celles des réglements qui seront faits pour leur exécution, est punie d'une amende de 100 francs à 5,000 francs, sans préjudice des peines portées par l'art. 39 de la loi du 22 frimaire an VII, pour omission ou insuffisance de déclaration.

Loi du 22 frimaire an VII. — Art. 39. La peine, pour les omissions qui seront reconnues avoir été faites dans les déclarations de valeurs transmises par décès, sera d'un droit en sus de celui qui se trouvera dû pour les objets omis ; il en sera de même pour les insuffisances constatées dans les estimations des biens déclarés.

Art. 11. L'article 15 de la loi du 5 juin 1850 est abrogé.

DÉCRET DU 17 JUILLET 1857

Portant réglement d'administration publique.

Art. 1. *Déclaration à faire au bureau de l'enregistrement.* — Les compagnies, sociétés et entreprises dont les actions et obligations sont assujetties au droit de transmission établi par l'art. 6 de la loi du 23 juin 1857, seront tenues de faire, au bureau de l'enregistrement du lieu où elles auront le siége de leur principal établissement, une déclaration contenant : 1° l'objet, le siége et la durée de la société ou de l'entreprise ; 2° la date de l'acte constitutif et celle de l'enregistrement de cet acte ; 3° les noms des directeurs ou gérants ; 4° le nombre et le montant des titres émis en distinguant les actions des obligations et les titres nominatifs des titres au porteur. (Voir *Modèle de déclaration d'existence*, page 19.)

Délai de la déclaration. — Cette déclaration devra être faite dans le mois de la constitution définitive des sociétés, compagnies et entreprises.

Modifications dans la constitution sociale. — En cas de modification dans la constitution sociale, de changements de siége, de remplacement du directeur ou gérant, d'émission de titres nouveaux, lesdites sociétés, compagnies et entreprises devront en faire la déclaration, dans le délai d'un mois, au bureau qui aura reçu la déclaration primitive.

Art. 2. *Acquittement des droits. — Bureau. — Délai.* — Le droit de 50 centimes par 100 francs, établi par les articles 6 et 8 de la loi du 23 juin 1857 sur les transferts des actions et obligations nominatives, ainsi que sur les conversions de titres, sera acquitté conformément à l'article 7 de la même loi, par les sociétés, compagnies et entreprises, au bureau de l'enregistrement du siége social, après l'expiration de chaque trimestre et dans les vingt premiers jours du trimestre suivant.

Relevé des transferts et conversions.— Délai de la remise.

— Le relevé des transferts et des conversions sera remis au receveur de l'enregistrement lors de chaque versement. — Ce relevé énoncera : 1° la date de chaque opération ; 2° les noms, prénoms et domicile du cédant et du cessionnaire ou du détenteur des titres convertis ; 3° la désignation et le nombre des actions et obligations transférées ou converties ; 4° le prix de chaque transfert ou la valeur des actions ou obligations converties ; 5° le total, en toutes lettres, de la somme soumise au droit de 50 centimes par cent francs.

(Voir *Modèle de relevé,* page 21.)

Art. 3. *Valeurs des actions et obligations converties.* — La valeur des actions et obligations converties sera établie, pour celles *cotées à la Bourse,* d'après le dernier cours moyen constaté avant le jour de la conversion, et, pour les autres (*celles non cotées*), conformément à l'article 16 (ci-dessus) de la loi du 22 frimaire an VII.

Art. 4. *Transferts à titre de garantie.* — Les transferts faits à titre de garantie et n'emportant pas transmission de propriété, seront l'objet d'un état spécial joint au relevé trimestriel qui doit être remis au receveur de l'enregistrement, conformément à l'article 2 du présent règlement. — Il ne sera pas tenu compte de ces transferts dans la liquidation des droits.

Acquittement de la taxe établie sur les titres au porteur et ceux dont la transmission peut s'opérer sans un transfert sur les registres de la société. — Dépôts d'états distincts des actions et des obligations. — Pour l'acquittement de la taxe établie sur les titres au porteur et ceux dont la transmission peut s'opérer sans un transfert sur les registres, les sociétés formeront un état distinct des actions et des obligations de cette nature existantes au dernier jour des trimestres de janvier, avril, juillet et octobre, et elles le déposeront entre les mains du receveur de l'enregistrement du lieu de l'établissement.

(Voir *Modèle d'état,* page 22.)

Cours moyen des titres cotés. — Cet état mentionnera le cours moyen, pendant l'année précédente, des actions et obligations cotées à la Bourse.

Titres non cotés. — Déclaration estimative. — A l'égard de celles non cotées dans le cours de cette année, il contiendra une déclaration estimative faite conformément à l'article 16 (ci-dessus) de la loi du 22 frimaire an VII.

Délai de paiement de la taxe.— La taxe sera payée dans les vingt jours qui suivront l'expiration de chaque trimestre, et perçue, pour le trimestre entier, d'après la situation établie conformément au premier paragraphe du présent article.

Compagnies créées après l'ouverture d'un trimestre. — En ce qui concerne les compagnies qui seront créées à l'avenir après l'ouverture d'un trimestre, le droit ne sera liquidé, pour la première fois, que proportionnellement au nombre de jours écoulés depuis leur constitution.

Art. 6. *Etats, relevés et déclarations certifiés véritables.* — Les états, relevés et déclarations qui seront fournis aux receveurs de l'enregistrement, conformément aux articles précédents, seront certifiés véritables par les directeurs ou gérants des sociétés, compagnies ou entreprises.

Art. 7. *Cours moyen des titres au porteur (Calcul du).* — Le cours moyen qui, suivant l'article 6 de la loi du 23 juin 1857, doit servir de base à la perception de la taxe sur les titres au porteur, sera établi en divisant la somme des cours moyens de chacun des jours de l'année, par le nombre de ces cours.

Cours moyen des valeurs cotées. — A l'égard des valeurs cotées dans les bourses des départements et à la Bourse de Paris, il sera tenu compte exclusivement des cotes de cette dernière Bourse pour la formation du cours moyen.

Art. 8. *Titres au porteur des sociétés nouvellement formées.* — Les titres au porteur des sociétés nouvellement formées ne supporteront la taxe, dans le courant de la première année de la constitution, que d'après une déclaration estimative faite par ces sociétés, de la valeur de leurs titres, conformément à l'article 16 (ci-dessus) de la loi du 22 frimaire an VII.

Art. 9. *Communication aux préposés de l'enregistrement des registres à souche et des registres de transferts et conversions.* — Les dépositaires des registres à souche et des registres de transferts et conversions de titres de sociétés, compagnies et entreprises, seront tenus de les communiquer sans déplacement, ainsi que toutes les pièces et documents relatifs aux dits transferts et conversions, aux préposés de l'enregistrement, à toute réquisition, et de leur laisser prendre, sans frais, les renseignements, extraits et copies qui seraient nécessaires dans l'intérêt du Trésor public, à peine de l'amende prononcée par l'article 10 (ci-dessus) de la loi du 23 juin 1857, pour chaque refus. — Le refus de la société ou de ses agents sera établi, jusqu'à inscription de faux, par le procès-verbal du préposé, affirmé dans les vingt-quatre heures.

Art. 12. *Contraventions.* — En cas d'infractions aux dispositions du présent règlement, ou de retard, soit dans le payement des droits, soit dans le dépôt des états, relevés et déclarations prescrits par les articles précédents, les sociétés, compagnies et entreprises seront passibles de l'amende prononcée par l'article 10 (ci-dessus) de la loi du 23 juin 1857, sans préjudice des peines portées par l'article 39 (ci-dessus) de la loi du 22 frimaire an VII, pour omission ou insuffisance de déclarations. — En cas d'omission ou d'insuffisance dans les états, relevés et déclarations, la preuve en sera faite comme en matière d'enregistrement.

§ 2. Obligations.

Crédit foncier. — Départements, communes et établissements publics.

LOI DU 16 SEPTEMBRE 1871.

Art. 11. *Droit de transmission. — Valeur négociée.* — Les droits de transmission sur la valeur négociée sont applicables aux obligations des départements, des communes, des établissements publics et de la Société du Crédit foncier. (V. L. 30 mars 1872, art. 1, page 13.)

§ 3. Modèles.

MODÈLE DE DÉCLARATION D'EXISTENCE.

Objet de la Société :
Siége :
Nom du directeur ou gérant :
Date de l'acte constitutif :
Date de l'enregistrement de cet acte :
Durée de la Société : ans (à partir du jusqu'au).
Capital social :
Capital émis :
Le capital émis est divisé :
1° En actions d'une valeur nominale de
savoir { nominatives :
au porteur :
2° En obligations d'une valeur nominale de
savoir { nominatives :
au porteur :
Versements effectués sur les { actions :
obligations :
Les titres sont-ils cotés officiellement? A quelle Bourse?
Valeur d'après la cote officielle des { actions :
obligations par série :
Valeur déclarée à défaut de cote par { action :
obligation et par série :
Dividende de la dernière année :
Déposer un exemplaire des statuts.

° TRIMESTRE
de 18 .

SOCIÉTÉ

RUE N°

(1) Y compris les titres émis pour lesquels il n'a été délivré que des certificats provisoires, non négociables.

Situation

	ACTIONS.		TOTAL.	OBLIGATIONS.		TOTAL.	OBSERVATIONS.
	Au porteur.	Au nominatif (1).		Au porteur.	Au nominatif (1).		
Il existait au ..							
Il a été émis pendant le trimestre .... Indiquer ici l'époque à partir de laquelle ces titres donnent droit aux intérêts ou dividendes.							
Totaux....							
Il a été amorti pendant le trimestre.............. Indiquer ici l'époque à partir de laquelle ces titres amortis ont cessé d'avoir droit aux intérêts ou dividendes.							
Reste.....							
Il a été converti du porteur au nominatif......							
Reste.....							
Il a été converti du nominatif au porteur.......							
Situation à la fin du trimestre de 18 .							

Certifié véritable par , soussigné.

, le 18 .

° TRIMESTRE SOCIÉTÉ RUE N°

de 18 .

(1) La valeur est le produit de la multiplication du nombre par le cours moyen ou par le prix.

RELEVÉ DES CONVERSIONS ET TRANSFERTS.

NUMÉROS des mutations.	DATES des opérations.	NOMS PRÉNOMS ET DOMICILES		NOMBRE DE TITRES			COURS MOYEN des titres convertis ou prix des transferts.	VALEUR DES TITRES (1). Pour la perception, chaque valeur doit être arrondie de 20 en 20 fr.		DROIT DE 50 c. 0/0 sur la valeur des titres.	
				CONVERTIS		Transferts et mutations.					
		Des cédants.	Des cessionnaires.	au porteur.	au nominatif.			Convertis.	Transférés.	Convertis.	Transférés.

NOTA. Si, durant le trimestre, il n'y a pas eu d'opérations, on mettra le mot *néant* au milieu de la page.

Après avoir fait la totalisation des colonnes, on certifiera le relevé véritable, on le datera et on le signera.

OBSERVATIONS. Pour les Sociétés qui ont des actions et des obligations et qui font un grand nombre d'opérations, il serait utile, dans l'intérêt de leur service et du service des Receveurs, que le relevé fût présenté de la manière suivante : § 1er. *Actions.* 1° Conversions du porteur au nominatif; 2° conversions du nominatif au porteur; 3° transferts passibles du droit ; 4° transferts non passibles du droit : transferts en garantie pour prêt ; transferts d'ordre résultant des ventes, donations, contrats de mariage, mutations par décès, etc., etc.

Il faudrait faire de même pour les *obligations*, qui formeraient le § 2, et terminer le travail par une récapitulation.

Il faut annexer au relevé les pièces justificatives de ces transferts.

° TRIMESTRE
de 18 .

RÉSUMÉ
DES OPÉRATIONS TRIMESTRIELLES
ET DES DROITS A ACQUITTER.

§ 1er. — Droit de transmission perçus pour le compte du Trésor
à raison de 0 fr. 50 pour cent.

DÉSIGNATION des TITRES.	NOMBRE DE TITRES IMPOSABLES PAR SUITE DE — CONVERSIONS EN TITRES — Nominatifs	Au porteur.	Transferts et mutations.	VALEUR IMPOSABLE DES TITRES soumis aux droits. — Arrondir de 20 en 20 f. la valeur imposable de chaque nature de titre.	MONTANT des DROITS.
Actions........					
Obligations					
Totaux..........					

§ 2. — Taxe annuelle sur les titres au porteur
à raison de 5 c. 0/0 par trimestre.

DÉSIGNATION des TITRES.	COURS MOYEN de l'année 18 .	NOMBRE DE TITRES au porteur.	VALEUR IMPOSABLE (1).	
Actions.............				
Obligations..........				
Totaux...........				
Total général des droits......				

(1) Produit de la multiplication du nombre par le cours moyen.
Additionner le produit de chaque nature de titre, et, pour la perception, arrondir le total de 20 en 20 fr.

3e PARTIE. — TAXE SUR LE REVENU.

Loi du 29 juin 1872.

Comptes-rendus et extraits de délibérations. Lieu et date du dépôt. — Art. 2.
Contraventions aux dispositions de la loi et du règlement. — Art. 5.
Détermination du revenu. — Art. 2.
Etablissement d'une taxe annuelle et obligatoire. — Art. 1er.
Quotité de la taxe. — Avance du droit. — Art. 3.
Recouvrement et instance. — Art. 5.

Décret du 6 décembre 1872.

Avance et lieu du payement. — Art. 1er.
Caisse des dépôts et consignations. — Art. 5.
Fixation et termes du paiement. — Art. 2.
Liquidation définitive. — Art. 2.

Loi du 21 juin 1875.

Lots et primes de remboursement. — Art. 5.

Loi du 1er décembre 1875.

Loi du 29 juin 1872, non applicable aux sociétés en nom collectif et aux sociétés de coopération. — Art. 1 et 2.

Décret du 15 décembre 1875.

Taux unique d'émission. — Taux variable. — Emprunts terminés. — Taux variables. — Emprunts non terminés. — Art. 1.
Taux d'émission inconnu. — Art. 2.
Délai du jugement de la taxe. — Documents à produire. — Art. 3.
Communication des documents aux agents. — Art. 4.
Sociétés étrangères. — Assiette de la taxe. — Art. 5.
Dépôts de documents. — Délai. — Art. 6.

Instructions.

Perception de l'impôt sur le revenu des valeurs mobilières, instruction du 11 décembre 1875.
Perception applicable aux lots et aux primes de remboursement, instruction du 17 décembre 1875.

Loi du 29 juin 1872.

Art. 1. *Taxe annuelle et obligatoire.* — Indépendamment des droits de timbre et de transmission établis par les lois existantes, il est établi à partir du 1er juillet 1872, une taxe annuelle et obligatoire.

Actions : Intérêts, dividendes, revenus. — 1° Sur les intérêts, dividendes, revenus et autres produits des actions de toute nature des sociétés, compagnies ou entreprises quelconques, financières, industrielles, commerciales ou civiles, quelle que soit l'époque de leur création.

Obligations ou emprunts : Arrérages et intérêts — 2° Sur les arrérages et intérêts annuels des emprunts et obligations des départements, communes et établissements publics, ainsi que des sociétés, compagnies ou entreprises ci-dessus désignées.

Commandites simples : Intérêts, produits et bénéfices annuels. — 3° Sur les intérêts, produits et bénéfices annuels des parts d'intérêts et commandites dans les sociétés, compagnies et entreprises, dont le capital n'est pas divisé en actions.

(V. Loi du 1er décembre 1875, ci-après.)

Art. 2. *Détermination du revenu.* — Le revenu est déterminé :

Actions. — 1° Pour les actions, par le dividende fixé d'après les délibérations des assemblées générales d'actionnaires ou des conseils d'administration, les comptes-rendus ou tous autres documents analogues ;

Obligations. — 2° Pour les obligations ou emprunts, par l'intérêt ou le revenu distribué dans l'année ;

Commandites simples. — 3° Pour les parts d'intérêts et commandites, soit par les délibérations des conseils d'administration des intéressés, soit, à défaut de délibération, par l'évaluation, à raison de 5 0/0 du montant du capital social ou de la commandite, ou du prix moyen des cessions de parts d'intérêt consenties pendant l'année précédente.

Lieu et date du dépôt des comptes-rendus et des extraits de délibérations. — Les comptes-rendus et les extraits des délibérations des conseils d'administration ou des actionnaires, seront déposés, dans les vingt jours de leur date, au bureau de l'enregistrement du siége social.

Art 3. *Quotité de la taxe.* — La quotité de la taxe établie par la présente loi est fixée à 3 0/0 du revenu des valeurs spécifiées en l'art. 1er.

Avance du droit. — Le montant en est avancé, sauf leur recours, par les sociétés, compagnies, entreprises, villes, départements ou établissements publics.

Art. 4, 3e alin. *Réglement d'administration publique.* — Un règlement d'administration publique déterminera les époques de paiement de la taxe, ainsi que toutes les autres mesures nécessaires pour l'exécution de la présente loi.

Art. 5. *Contravention.* — Chaque contravention aux dispositions qui précèdent et à celles du réglement d'administration publique qui sera fait pour leur exécution, sera punie conformément à l'art. 10 de la loi du 23 juin 1857. (100 à 1,000 francs d'amende. V. ci-dessus.)

Recouvrement et instances. — Le recouvrement de la taxe sur le revenu sera suivi, et les instances seront introduites et jugées comme en matière d'enregistrement.

Décret du 6 décembre 1872,

Portant réglement d'administration publique.

Art. 1. *Avance et lieu de paiement du droit.* — La taxe de 3 0/0 établie par la loi du 29 juin 1872 est avancée par les sociétés, compagnies, entreprises, départements, communes et établissements publics, et payée au bureau de l'enregistrement du siége social ou administratif désigné à cet effet, savoir :

Payement en quatre termes égaux. — Obligations à revenu fixe. — 1° Pour les obligations, emprunts et autres valeurs dont le revenu est fixé et déterminé à l'avance, en quatre termes égaux d'après les produits annuels afférents à ces valeurs ;

Payement en quatre termes égaux. — Actions. — Parts d'intérêt, commandites, emprunts à revenu variable. — 2° Pour les actions, parts d'intérêt, commandites et emprunts à revenu variable, en quatre termes égaux déterminés provisoirement d'après le résultat du dernier exercice réglé, et calculés sur les quatre cinquièmes du revenu s'il en a été distribué, et, en ce qui concerne les sociétés nouvellement créées, sur le produit évalué à 5 0/0 du capital *appelé*.

Liquidation définitive de la taxe. — Chaque année, après la clôture des écritures relatives à l'exercice, il est procédé à une liquidation définitive de la taxe due pour l'exercice entier. — Si de cette liquidation il résulte un complément de taxe au profit du Trésor, il est immédiatement acquitté. — Dans le cas contraire, l'excédant versé est imputable sur l'exercice courant, ou remboursé si la Société est arrivée à son terme ou si elle cesse de donner des revenus.

Art. 2. *Fixation des termes de payement.* — Les payements à faire en quatre termes doivent être effectués dans les vingt premiers jours des mois de janvier, avril, juillet et octobre de chaque année.

Date de la liquidation définitive. — Sociétés assujetties à des comptes-rendus ou à des délibérations. — La liquidation définitive a lieu au moment du dépôt, prescrit par l'article 2 de la loi du 29 juin 1872, des comptes-rendus et extraits des délibérations des assemblées générales d'actionnaires ou des conseils d'administration, ou de tous autres documents analogues fixant le dividende distribué.

Date de la liquidation définitive. — Sociétés non assujetties à l'obligation de prendre des délibérations. — Cette liquidation doit être établie dans les vingt premiers jours du mois de mai pour les sociétés auxquelles leurs statuts n'imposent pas l'obligation de prendre des délibérations sur cet objet. Dans ce cas, la liquidation définitive est opérée à raison de 5 0/0 du prix moyen des cessions de parts d'intérêts consenties pendant l'année précédente et dûment enregistrées, et, à défaut de cession, d'après l'évaluation à 5 0/0 du montant du capital social ou de la commandite.

Art. 5. *Caisse des Dépôts et Consignations.* — La Caisse des Dépôts et Consignations est autorisée à payer directement à Paris, au bureau qui sera désigné, la taxe annuelle due à raison des prêts de toute nature qu'elle a faits à des départements, communes et établissements publics.

Loi du 21 juin 1875.

Art. 5. *Lots et primes de remboursements.* — Sont assujettis à la taxe de 3 0/0 établie par la loi du 29 juin 1872, les lots et primes de remboursement payés aux créanciers et aux porteurs d'obligations, effets publics et tous autres titres d'emprunt.

Détermination de la valeur. — La valeur est déterminée, pour la perception de la taxe, savoir :

1° Pour les lots, par le montant même du lot en monnaie française ;

2° Pour les primes, par la différence entre la somme remboursée et le taux d'émission des emprunts.

Un règlement d'administration publique déterminera le mode d'évaluation du taux d'émission, ainsi que toutes autres mesures d'exécution.

Sont applicables à la taxe établie par le présent article, les dispositions des articles, 3, 4 et 5 de la loi du 29 juin 1872. (V. ces articles page 25.)

Loi du 1er décembre 1875.

Art. 1. *Loi du 29 juin 1872, non applicable aux sociétés en nom collectif et aux sociétés de coopération.* — Les dispositions de l'article 1er, § 3, de la loi du 29 juin 1872 ne sont pas applicables aux parts d'intérêt dans les sociétés commerciales en nom collectif, et elles ne s'appliquent, dans les sociétés en commandite dont le capital n'est pas divisé en actions, qu'au montant de la commandite.

Art. 2. La même exception s'applique aux parts d'intérêt dans les sociétés de toute nature, dites de coopération, formées exclusivement entre des ouvriers ou artisans au moyen de leurs cotisations périodiques.

Instruction du 11 décembre 1875, n° 2534,

Concernant la perception de l'impôt direct sur le revenu des valeurs mobilières.

§ 1er. Sociétés civiles et sociétés en nom collectif.

D'après l'art. 1er de la loi du 1er décembre 1875, les dispositions de l'art. 1er, § 3, de la loi du 29 juin 1872, ne sont pas applicables aux parts d'intérêt dans les sociétés commerciales en nom collectif et elles ne s'appliquent, dans les sociétés en commandite dont le capital n'est pas divisé en actions, qu'au montant de la commandite.

Les sociétés dont il s'agit se retrouvent ainsi replacées exactement, à l'égard de l'exigibilité du droit de 3 0/0, dans la situation exceptionnelle qui leur avait été faite par l'instruction, n° 2457, avant l'interprétation consacrée par les arrêts de la Cour de cassation.

On continuera à percevoir la taxe sur les emprunts et obligations des sociétés en nom collectif ou des sociétés en commandite, ainsi que sur les actions des sociétés en commandite, même sur celles attribuées aux associés responsables. Sont seules exemptées du droit les parts d'intérêt appartenant aux associés en nom collectif ou aux associés indéfiniment responsables dans les commandites. Mais tout ce qui est attribué à ces associés responsables profite de l'exonération, sans distinction entre les parts d'intérêt correspondant aux apports en capitaux ou en valeurs assimilables aux capitaux et celles qui leur sont allouées à raison de leur gestion.

... En présence du vote de la nouvelle loi, le Ministre des finances a décidé qu'il y a lieu d'abandonner le recouvrement de tous les droits dus en vertu des arrêts de la Cour de cassation du 23 août 1875, et même de restituer ceux qui auraient été acquittés. Les directeurs prendront immédiatement des mesures nécessaires pour assurer l'exécution de cette décision.

L'article 1er de la loi du 1er décembre 1875 n'accorde l'exonération du droit qu'aux sociétés commerciales. — Les sociétés civiles restent donc assujetties à l'application entière de la taxe. Un amendement ayant pour but d'étendre à ces sociétés les dispositions exceptionnelles admises à l'égard des sociétés commerciales, a été rejeté par l'Assemblée nationale dans la séance du 1er décembre 1875. (*Journal officiel* du 2 décembre 1875, page 918.)

§ 2. Sociétés dites de coopération.

La loi du 1er décembre 1875, contient une seconde exception au profit de certaines sociétés spéciales, formées entre les ouvriers ou artisans et dites de *coopération*. L'article 2, qui s'y rapporte, dispose que l'exception accordée par l'article 1er aux sociétés commerciales en nom collectif et en commandite s'applique aux parts d'intérêt dans les sociétés de toute nature, dites de *coopération*, formées exclusivement entre des ouvriers ou des artisans, au moyen de leurs cotisations périodiques.

La dispense d'impôt accordée aux sociétés coopératives n'atteint donc ni les emprunts et obligations, ni les actions de ces sociétés ; elle est restreinte aux parts d'intérêt appartenant aux associés.

Mais l'article 2 de la loi comprenant, d'une manière générale, les sociétés de toute nature, et n'ayant pas, comme l'article 1er, limité l'exemption aux sociétés commerciales, il y a lieu de reconnaître que les sociétés civiles de coopération doivent profiter de la dispense aussi bien que les sociétés commerciales.

Seulement, la disposition nouvelle ayant le caractère d'une exception, devra être appliquée rigoureusement dans ses termes, et l'exemption ne profitera qu'aux sociétés réunissant toutes les conditions prescrites par la loi.

Il est indispensable, à cet effet, que la société soit formée exclusivement entre des ouvriers ou des artisans. Si l'un ou quelques-uns des membres de la société avaient une qualité différente, l'association rentrerait sous l'empire du droit commun. La loi exige, en outre, que la société soit formée au moyen de cotisations périodiques, fournies par les ouvriers ou les artisans qui en font partie. Par conséquent, lorsque la société reçoit d'autres cotisations ou bien que ces cotisations ne sont pas périodiques, il n'y a pas lieu non plus à la dispense du droit.

Les préposés remarqueront que les sociétés dites de *coopération* ne forment pas une classe particulière d'associations. Elles peuvent se constituer en sociétés civiles ou en sociétés commerciales, et elles peuvent prendre, dans chacune de ces deux catégories de sociétés, la forme qui convient le mieux à leurs intérêts. Elles se distinguent particulièrement des autres sociétés par leur objet, qui est de favoriser le travail personnel des ouvriers ou des artisans, en leur assurant des moyens de crédit mutuel, ou en augmentant leur salaire par la suppression des entrepreneurs et intermédiaires, ou encore en leur faisant obtenir à prix réduits les choses nécessaires à la vie ou à l'exercice de leur profession. C'est donc par l'examen des statuts de chaque société qu'il est possible d'en déterminer le caractère, pour l'application de l'art. 2 de la loi du 1er décembre 1875.

DÉCRET DU 15 DÉCEMBRE 1875,

Portant réglement d'administration publique et déterminant, en exécution de l'article 5 de la loi du 21 juin 1875, le mode d'établissement et de perception de la taxe sur les lots et primes de remboursement.

1. *Taux unique d'émission.* — Lorsque les obligations, les effets publics et tous autres titres d'emprunts dont les lots et primes de remboursement sont assujettis à la taxe du 3 0/0 par l'article 5 de la loi du 21 juin 1875, auront été émis à un taux unique, ce taux servira de base à la liquidation du droit sur les primes.

Taux variable. — Emprunts terminés. — Si le taux d'émission a varié, il sera déterminé, pour chaque emprunt, par une moyenne établie en divisant par le nombre de titres correspondant à cet emprunt le montant brut de l'emprunt total, sous la seule déduction des arrérages courus au moment de chaque vente.

Taux variables. — Emprunts non terminés. — A l'égard des emprunts dont l'émission faite à des taux variables n'est pas terminée, la moyenne sera établie d'après la situation de l'emprunt au 31 décembre de l'année qui a précédé celle du tirage.

2. *Taux d'émission inconnu.* — Lorsque le taux d'émission ne pourra pas être établi conformément à l'article 1er, ce taux sera représenté par un capital formé de vingt fois l'intérêt annuel stipulé, lors de l'émission, au profit du porteur du titre.

A défaut de stipulation d'intérêt, il sera pourvu à la fixation du taux d'émission dans la forme tracée par l'article 16 de la loi du 22 frimaire an VII. (V. cet article page 13.)

3. *Délai du payement de la taxe.—Documents à produire.* —La taxe, avancée par les sociétés, compagnies, entreprises, départements, communes et établissements publics, conformément

à l'article 3 de la loi du 29 juin 1872, est payée dans les vingt jours qui suivront le jour fixé pour le payement des lots et primes de remboursement, au bureau de l'enregistrement du siége social ou administratif désigné, conformément à l'article 1er du décret du 6 décembre 1872, pour recevoir la taxe sur le revenu.

Pour l'acquittement de cette taxe, il sera remis au receveur, lors du payement, une copie certifiée du tirage au sort, avec un état indiquant pour chaque tirage :

1° Le nombre des titres amortis ; 2° le taux d'émission de ces titres, déterminé conformément aux articles 1er et 2, s'il s'agit de primes de remboursement ; 3° le montant des lots et des primes échus aux titres sortis ; la somme sur laquelle la taxe est exigible.

4. *Communication des documents aux agents.* — Les sociétés, compagnies, entreprises et tous autres assujettis au payement de la taxe seront tenus de communiquer aux agents de l'enregistrement, tant au siége social que dans les succursales ou agences, les documents et écritures relatifs aux lots et aux primes de remboursement, afin qu'ils s'assurent de l'exécution de toutes les dispositions qui précèdent.

5. *Sociétés étrangères.* — Les dispositions des articles ci-dessus sont applicables aux sociétés, compagnies, entreprises, corporations, villes et provinces étrangères, ainsi qu'à tous autres établissements publics étrangers assujettis à la taxe de 3 0/0 sur le revenu.

Assiette de la taxe. — La taxe sur les lots et primes de remboursement est assise, comme la taxe de 3 0/0 établie par la loi du 29 juin 1872, sur la même base que les droits du timbre et de transmission, d'après le nombre de titres déterminé en la forme prévue par le réglement d'administration publique du 24 mai 1872.

Les représentants responsables devront produire les documents dont le dépôt est prescrit par l'article 3, vérifiés et certifiés par les agents diplomatiques ou consulaires français, conformément à l'article 1er du décret du 28 mars 1868.

6. *Dépôts de documents. - Délai* — Dans le mois de la promulgation du présent décret, tous les assujettis à la taxe établie par l'article 5 de la loi du 21 juin 1875 seront tenus de déposer au bureau de l'enregistrement désigné pour la recette du droit : la copie certifiée des tableaux d'amortissement de tous leurs emprunts ; 2° le bordereau détaillé, certifié conforme aux écritures, indiquant, pour chaque emprunt entièrement émis, le nombre des titres, le montant brut porté en recette sur le capital, le taux fixé ou le taux moyen de l'émission, le taux de remboursement et le montant de la prime ou des lots.

Instruction du 17 décembre 1875, n° 2536,

Pour l'exécution du réglement d'administration publique, du 15 décembre 1875, déterminant le mode d'établissement et de perception de l'impôt direct sur le revenu des valeurs mobilières, applicable aux lots et aux primes de remboursement.

La taxe de 3 0/0 établie par l'article 5 de la loi du 21 juin 1875, est exigible sur tous les lots et primes de remboursement résultant de tirages effectués à partir du jour où la loi est devenue exécutoire. Mais le recouvrement a dû être suspendu jusqu'à la promulgation du réglement d'administration publique auquel a été renvoyée la détermination du taux d'émission des emprunts et des autres mesures d'exécution de la loi. (Inst. n° 2517.)

Ce réglement fait l'objet d'un décret du 15 décembre courant. La présente instruction a pour objet d'en faire connaître les dispositions.

§ 1er.

Taux d'émission des emprunts. — Les emprunts, sous quelque forme qu'ils se produisent, se divisent en deux classes : ceux qui ont lieu moyennant un taux d'émission *unique* pour tous les titres souscrits et attribués, et ceux qui sont réalisés successivement à des *cours différents*, selon la date de la souscription des titres.

1° *Taux unique.* — Toutes les fois que l'emprunt a été fait à un taux unique, c'est ce taux qui doit nécessairement déterminer la valeur servant de base à la perception de la taxe. Il n'y a pas à se préoccuper des moyens employés par la société ou par l'établissement public pour réaliser cet emprunt, ni à tenir compte des conventions passées dans ce but avec les intermédiaires. Le taux d'émission dont il s'agit est celui qui règle les souscriptions publiques. Il est représenté par la somme en capital que chaque souscripteur paye ou s'engage à payer pour obtenir la délivrance d'une obligation.

Telle est la disposition du premier paragraphe de l'article 1er du décret.

2° *Taux variable.* — *Emprunts terminés.* — Certains emprunts sont réalisés successivement moyennant des taux divers d'émission. La souscription reste ouverte jusqu'à ce que toutes les obligations soient placées et les titres du même emprunt sont souvent divisés en séries distinctes. Il s'écoule quelquefois plusieurs années avant que l'emprunt ou qu'une série de l'emprunt soit entièrement souscrit, et, durant cette période, les taux d'émission suivent les variations du marché.

Il y avait lieu, dans cette hypothèse, de déterminer, conformément à l'article 5 de la loi du 21 juin 1875, un taux moyen d'émission servant de base à la liquidation de la taxe de 3 0/0.

Le deuxième paragraphe de l'article 1er du règlement d'administration publique décide que ce taux moyen sera déterminé, *pour chaque emprunt*, c'est-à-dire pour toutes les obligations du même type, faisant, le cas échéant, l'objet d'une seule inscription à la cote de la Bourse, et sans distinction entre les différentes séries dont l'emprunt peut se composer.

Ce taux moyen sera établi en divisant par le nombre de titres correspondant à cet emprunt le montant brut de l'emprunt total, sous la seule déduction des arrérages courus au moment de chaque vente. Il n'y a donc lieu de tenir compte, dans ce calcul, que des sommes représentant le capital emprunté. En effet, quand le titre est émis avec jouissance des intérêts à partir d'une époque antérieure à l'émission, la souscription comprend le montant des intérêts courus, et ces intérêts, classés à part de l'emprunt, sont restitués au souscripteur lors de la première échéance, avec les arrérages postérieurs à la souscription. Dans ce cas, les intérêts courus ne font pas partie de la somme réellement empruntée, et il convient de ne tenir compte, pour le calcul du taux d'émission, que du capital porté en recette par l'emprunteur.

3° *Taux variables. — Emprunts non terminés.* — Des règles spéciales ont dû être adoptées à l'égard des emprunts qui sont encore en cours d'émission au moment du tirage. Le décret du 15 décembre 1875 décide (art. 1er, 3e alin.) que la moyenne sera établie d'après la situation de l'emprunt au 31 décembre de l'année qui a précédé celle du tirage. Mais, sauf cette disposition, il sera procédé, en ce qui concerne les emprunts non terminés, de la même manière que pour les emprunts terminés.

4° *Taux d'émission inconnu.* — L'article 2 du réglement d'administration publique prévoit le cas où le taux d'émission des titres ne peut être déterminé d'après les moyens qui précèdent, soit parce que les emprunteurs seraient dans l'impossibilité absolue de faire connaître exactement le produit réel des anciennes souscriptions, soit pour toute autre cause. Il y aura lieu alors d'admettre que le titre a été émis moyennant un capital représentant vingt fois l'intérêt annuel stipulé au profit du porteur du titre. Cet intérêt est celui qui est fixé lors de la souscription. L'administration n'a pas à se préoccuper des conventions ultérieures à la suite desquelles l'intérêt peut se trouver modifié.

En outre, comme il est possible que le taux de l'intérêt n'ait pas été indiqué ou que cet intérêt n'ait pas été stipulé payable par annuités, ou encore qu'il se présente une combinaison financière ne se prêtant pas à l'application des mesures ci-dessus, le second paragraphe de l'article 2 du réglement d'administration publique ajoute qu'il sera pourvu à la fixation du taux d'émission dans la forme tracée par l'article 16 de la loi du 22 frimaire an VII. En conformité de cet article, les sociétés, établissements publics et autres redevables chargés du versement de l'impôt, devront déposer au receveur, au moment du payement de la taxe, une déclaration certifiée et signée par leurs représentants légaux, et fixant le taux d'émission de chacun des titres sortis au tirage avec prime de remboursement. Cette déclaration sera conservée au bureau avec les autres pièces relatives à l'emprunt.

Les préposés remarqueront que les dispositions de l'article 2 du décret du 15 décembre 1875 ne sont applicables que s'il y a impossibilité de se conformer à l'article 1er. En cas de doute, ils devront en référer au directeur, qui prendra, le cas échéant, les ordres de l'Administration.

§ 2.

Lots. — Le règlement d'administration publique n'a édicté aucune mesure en ce qui concerne la détermination de la valeur des lots. L'article 5 de la loi du 21 juin 1875 porte que cette valeur est représentée par le montant même du lot en monnaie française.

S'il s'agit d'un lot payé en monnaie étrangère, c'est à la société ou à l'établissement public à indiquer au receveur, lors du payement de la taxe, la valeur représentative du lot en monnaie française. Sa déclaration sera contrôlée, soit par les énonciations des décrets rendus en exécution de la loi du 13 mai 1863 sur la conversion des monnaies étrangères (Instr. n° 2250), soit par celle des bulletins authentiques du cours de la Bourse, ou par d'autres moyens analogues.

§ 3.

Payement de la taxe. — L'article 3 du règlement d'administration publique rappelle, comme l'avait indiqué l'article 1er du décret du 6 décembre 1872, rendu pour l'exécution de la loi du 29 juin précédent, que le droit applicable aux lots et aux primes de remboursement est avancé par les sociétés, compagnies, entreprises, départements, communes et établissements publics. Il ajoute que ce droit sera payé au bureau de l'enregistrement du siége social ou administratif désigné par l'article 1er du décret du 6 décembre 1872 pour recevoir la taxe sur le revenu. Cette désignation a été faite au paragraphe 2 de l'instruction, n° 2457.

La taxe sera acquittée dans les vingt jours qui suivront le jour fixé pour le payement des lots et des primes de remboursement. Elle sera portée en recette avec les droits ordinaires perçus sur les obligations et emprunts, et, jusqu'à nouvel ordre, elle figurera dans les écritures sous le même titre. Toutes les dispositions de l'instruction n° 2457, relatives à la recette de ces droits, sont applicables à la taxe sur les lots et primes de remboursement.

Justifications. — D'après le dernier paragraphe de l'article 3 du décret, le versement de la taxe doit être accompagné de certaines justifications propres à servir de titre de la recette et à faciliter la liquidation et le contrôle de la perception. Il sera remis au receveur une copie certifiée du procès-verbal du tirage au sort et un état indiquant, pour chaque tirage : 1° le nombre des titres amortis ; 2° le taux d'émission de certains titres, déterminé conformément aux articles 1 et 2 du réglement d'administration publique, s'il s'agit de primes de remboursement ; 3° le montant des lots et des primes échus aux titres sortis ; 4° la somme sur laquelle la taxe est exigible. Le receveur établira la liquidation de la taxe, en vue de ces documents qui devront être conservés au bureau et qui seront vérifiés par lui, ainsi que par les employés supérieurs, au moyen du rapprochement des pièces déposées en exécution de l'article 6 du décret du 15 décembre 1875, et à l'aide de tous autres renseignements.

L'article 6 du décret précité, dans le but de préparer les éléments du contrôle et afin de permettre aux receveurs de s'assurer de l'exactitude de la liquidation du droit, lors du versement de la taxe, oblige les redevables à déposer au bureau : 1° la copie certifiée des tableaux d'amortissement de tous leurs emprunts ; 2° le bordereau détaillé, certifié conforme aux écritures, indiquant, pour chaque emprunt entièrement émis, le nombre de titres, le montant brut porté en recette sur le capital, le taux fixe ou le taux moyen de l'émission, le taux de remboursement et le montant de la prime ou des lots. Ce dépôt devra avoir lieu, à peine d'une amende de 100 francs à 5,000 francs, dans le mois de la promulgation du décret.

DROIT DE COMMUNICATION. — Pour assurer plus efficacement encore l'exécution des dispositions qu'il renferme, le décret du 15 décembre 1875 décide (art. 4.) que les sociétés, compagnies, entreprises et tous autres assujettis au payement de la taxe seront tenus de communiquer aux agents de l'enregistrement, tant au siége social que dans les succursales et agences, les documents et écritures relatifs aux lots et aux primes de remboursement. L'exercice du droit de communication est soumis aux règles établies par les articles 22 de la loi du 23 août 1871 et 7 de la loi du 21 juin 1875. Le refus, constituant une contravention au réglement d'administration publique, tombe, d'après le dernier paragraphe de l'article 7 de la loi du 21 juin 1875, sous l'application de l'article 5 de la loi du 29 juin 1872, et donne lieu, par conséquent, à l'amende de 100 francs à 5,000 francs fixée par l'article 10 de la loi du 23 juin 1857. (Inst. n° 2,104.)

§ 4.

SOCIÉTÉS ÉTRANGÈRES. — L'article 5 du réglement d'administration publique étend aux sociétés, compagnies, entreprises, corporations, villes et provinces étrangères, ainsi qu'à tous autres établissements publics étrangers, les dispositions édictées au sujet des sociétés et établissements publics français.

La taxe est assise sur la même base que pour les intérêts annuels. Cette base est fixée d'après une quotité du *capital-obligations*, en vertu de l'article 3 du décret du 6 décembre 1872, par la commission spéciale instituée conformément au décret du 24 mai 1872 (Inst. n° 2,445). Si une société étrangère acquitte par exemple, pour les intérêts annuels, la taxe sur la moitié de ses obligations, elle devra payer le droit de 3 0/0 sur la moitié également des lots et des primes de remboursement sortis aux tirages, sans distinction entre les porteurs français et les porteurs étrangers.

La comptabilité des sociétés et établissements publics étrangers ne pouvant être, en général, consultée par les agents de l'administration, le 3e paragraphe de l'article 5 exige que les documents dont le dépôt est prescrit par l'article 3 soient vérifiés et certifiés par les agents diplomatiques ou consulaires français. Cette disposition, indispensable pour donner au Trésor des garanties, est empruntée au décret du 28 mars 1868, concernant la dispense du droit de timbre accordée aux sociétés étrangères improductives. (Instruction 2373.)

§ 5.

Pénalités. — Poursuites. — La loi du 21 juin 1875 se réfère à l'article 10 de la loi du 23 juin 1857 pour les pénalités relatives à l'inexécution de ses dispositions ou aux infractions au décret réglementaire qui la complète. (Instruction nos 2104 et 2517.)

L'amende de 100 francs à 5,000 francs est donc encourue en cas de retard du payement de la taxe. Mais le recouvrement de cette amende pourra être suspendu dans les conditions indiquées par l'instruction n° 2457 au sujet de la perception du droit sur les intérêts annuels.

Le droit en sus est, en outre, exigible, d'après le même article 10 de la loi du 23 juin 1857, pour les omissions ou les insuffisances résultant soit des déclarations souscrites par les redevables, soit des documents déposés par eux pour servir de base à la liquidation de la taxe, en exécution de l'article 3 du décret du 15 décembre 1875.

Les poursuites tendant au recouvrement de la taxe applicable aux lots et primes de remboursement auront lieu dans les mêmes formes que celles relatives à l'impôt direct sur les intérêts annuels (art. 5. de la loi du 29 juin 1872). On se réfère aux explications qui ont été données à cet égard dans l'instruction n° 2457.

SECTION IIᵉ.

SOCIÉTÉS, COMPAGNIES ET ENTREPRISES ÉTRANGÈRES.

(Voir *Villes, Provinces étrangères*, etc.)

1ʳᵉ PARTIE. — *Timbre.*
2ᵉ PARTIE. — *Droit de transmission.*
3ᵉ PARTIE. — *Taxe sur le revenu (sociétés et villes étrangères).*

1ʳᵉ PARTIE. — TIMBRE.

Loi du 23 juin 1857.

Droit de timbre sur une quotité déterminée du capital. — Tarif des titres non cotés et des titres cotés. — Art. 9.
Décimes. — Art. 10.
Contraventions aux dispositions de la loi et à celles du règlement. — Art. 10.

Décret du 17 juillet 1857.

Exécution de l'article 9 de la loi. — Désignation d'un représentant responsable. — Déclaration du nombre d'actions et d'obligations. — Art. 10.
Acquittement du droit sur la quotité du capital déclaré lorsque les titres sont cotés. — Art. 11.
Contraventions. — Art. 12.

Décret du 28 mars 1868.

Sociétés étrangères improductives. — Dispense du droit. — Justifications. — Art. 1ᵉʳ.

Loi du 30 mars 1872.

Négociations, exposition en vente et énonciation dans les actes de titres étrangers. — Art. 2.

Décret du 24 mai 1872.

Nombre de titres fixé par le Ministre des Finances. — Art. 1ᵉʳ.
Minimum du nombre. — Art. 2.
Révision triennale du nombre. — Art. 3.
Radiation de la cote. — Responsabilité du représentant responsable. — Art. 3.

Loi du 29 juin 1872.

Négociation, exposition en vente et émissions en France. — Art. 4.

DÉCRET DU 6 DÉCEMBRE 1872.

Emission ou souscription en France. — Art. 4.

MODÈLES.

Engagement de représentant responsable.
Bordereau pour visa pour timbre des titres.

LOI DU 23 JUIN 1857.

Art. 9. *Droit de timbre sur une quotité déterminée du capital.* — Les actions et obligations émises par les sociétés, compagnies ou entreprises étrangères, sont soumises, en France, à des droits équivalents à ceux qui sont établis par la présente loi (droit de transmission) et par celle de la loi du 5 juin 1850 (droit de timbre) sur les valeurs françaises; elles ne pourront être cotées et négociées en France, qu'en se soumettant à l'acquittement de ces droits.

(L. 5 juin 1850, art. 14. — Droit de 1 0/0 sur les titres non cotés, page 3.)

(Déc. 17 juillet 1857, art. 11. — Droit de 5 centimes par cent sur les titres cotés, page 43.)

Réglement d'administration publique. — Un réglement d'administration publique fixera le mode d'établissement et de perception de ces droits, dont l'assiette pourra reposer sur une quotité déterminée du capital social. — Le même réglement déterminera toutes les mesures nécessaires pour l'exécution de la présente loi. (V. déc. 17 juillet 1857, art. 10 et 11, ci-après.)

TARIF.

1° TITRES NON COTÉS.

De	1 fr.	à	20 fr.	à 1 0/0 :	» 20 c. ;	avec décimes :	» 24 c.
De	20	à	40	—	» 40	—	» 48
De	40	à	60	—	» 60	—	» 72
De	60	à	80	—	» 80	—	» 96
De	80	à	100	—	1 »	—	1 20
De	900	à	1,000	—	10 »	—	12 »

Le droit de 1 fr. 20 pour cent, décimes compris, est perçu sur des sommes toujours exactement divisibles par 20, ce qui fait que les fractions de 20 fr. comptent pour 20 fr.

Exemple :

809 fr., soit 820 fr., à 1 0/0.........	8 fr. 20 c.
Décimes : 82 c. + 82 c.	1 64
Total..........	9 fr. 84 c.

2e Titres cotés.

De 1 fr.	à	100 fr....	» 05 c. ;	avec décimes.....		» 06 c.
De 100	à	200 ...	» 10	—	.....	» 12
De 200	à	300 ...	» 15	—	.....	» 18
De 300	à	400 ...	» 20	—	.....	» 24
De 400	à	500 ...	» 25	—	.....	» 30
De 500	à	600 ...	» 30	—	.....	» 36
De 600	à	700 ...	» 35	—	.....	» 42
De 700	à	800 ...	» 40	—	.....	» 48
De 800	à	900 ...	» 45	—	.....	» 54
De 900	à	1,000 ...	» 50	—	.....	» 60

Et ainsi de suite, soit 06 c. par 100 fr. ou fractions de 100 fr.

Art. 10. *Contraventions aux dispositions de la loi et à celles du règlement.* — Toute contravention aux précédentes dispositions et à celles des règlements qui seront faits pour leur exécution, est punie d'une amende de 100 fr. à 5,000 fr., sans préjudice des peines portées par l'article 39 de la loi du 22 frimaire an VII, par omission ou insuffisance de déclaration.

Loi du 22 frimaire an VII. — Art. 39. Les héritiers, donataires ou légataires qui n'auront pas fait, dans les délais prescrits, les déclarations des biens à eux transmis par décès, payeront, à titre d'amende, un demi-droit en sus du droit qui sera dû pour la mutation. — La peine pour les omissions qui seront reconnues avoir été faites dans les déclarations sera d'un droit en sus de celui qui se trouvera dû pour les objets omis ; il en sera de même pour les insuffisances constatées dans les estimations des biens déclarés.

Décimes. — Ce droit est assujetti aux deux décimes. (L. des 23 août 1871, art. 2, et 30 mars 1872, art. 3.)

DÉCRET DU 17 JUILLET 1857,

Portant réglement d'administration publique.

Art. 10. *Exécution de l'article 9 de la loi. — Désignation d'un représentant responsable. — Déclaration à faire.* — Pour l'exécution de l'article 9 de la loi, les sociétés, compagnies ou entreprises étrangères qui ont été autorisées à faire coter leurs actions et obligations, soit à la Bourse de Paris, soit aux Bourses départementales, seront tenues, dans les deux mois de la promulgation de la loi, de désigner un représentant responsable en France, et de le faire agréer par le Ministre des Finances, sous peine de se voir retirer l'autorisation dont elles jouissent. — Toute compagnie qui, à l'avenir, sera autorisée à faire coter ses titres en France devra faire également agréer par le Ministre des Finances un représentant responsable. (V. *Modèle d'engagement*, page 47.)

Les sociétés, compagnies ou entreprises mentionnées aux deux paragraphes précédents remettront au Ministre des Finances une déclaration indiquant le nombre de leurs actions et obligations, qui devra servir de base à l'impôt. Ce nombre sera fixé par le Ministre des Finances.

Art. 11. *Acquittement du droit par les sociétés étrangères sur la quotité du capital déclaré, lorsque les titres sont cotés.* — Le droit de timbre auquel sont assujetties les actions et les obligations émises par les sociétés françaises sera acquitté par les sociétés, compagnies et entreprises étrangères dont les titres sont ou seront cotés en France. Ce droit sera établi sur la quotité du capital déclaré, conformément à l'article 10 du présent réglement, et payé suivant le mode prescrit par les articles 22 et 31 de la loi du 5 juin 1850 (droit de 5 centimes par cent. V. art. 22, page 5, et art. 31, page 8).

Insertion au MONITEUR. — Un avis officiel, inséré au *Moniteur*, équivaudra à l'apposition du timbre.

Art. 12. *Contraventions. — Article applicable aux sociétés étrangères.* — En cas d'infraction aux dispositions du présent règlement ou de retard, soit dans le payement des droits, soit dans le dépôt des états, relevés et déclarations prescrits par les articles précédents, les sociétés, compagnies et entreprises seront passibles de l'amende prononcée par l'article 10 de la loi du 23 juin 1857 (précité 100 fr. à 5,000 fr., p. 14), sans préjudice des peines portées par l'article 39 de la loi du 22 frimaire an VII (précité p. 42), pour omission ou insuffisance de déclaration. — En cas d'omission ou d'insuffisance dans les états, relevés et déclarations, la preuve en sera faite comme en matière d'enregistrement. — Les dispositions du présent article seront applicables aux sociétés, compagnies ou entreprises *étrangères* et à *leurs représentants.*

(Voir, s'il y a lieu, les autres dispositions du décret, pages 15 à 18.)

DÉCRET DU 28 MARS 1868.

Art. 1er. *Sociétés étrangères improductives. — Dispenses du droit. — Justifications.* — Les sociétés, compagnies et entreprises étrangères dont les titres sont cotés aux bourses françaises, sont admises à jouir du bénéfice de l'article 24 de la loi du 5 juin 1850 (dispense du droit de timbre, p. 6), en justifiant que, pendant les deux dernières années, elles n'ont pu payer ni dividendes ni intérêts; elles devront, à cet effet, produire à l'administration de l'enregistrement les procès-verbaux et délibérations des assemblées générales, les inventaires, balances et tous autres documents de comptabilité, vérifiés et certifiés par les agents diplomatiques ou consulaires français.

DÉCRET DU 24 MAI 1872,

Portant réglement d'administration publique.

Art. 1er. *Nombre de titres fixé par le Ministre sur l'avis d'une commission.* — Le nombre des titres qui doit, en vertu de l'article 10 du décret du 17 juillet 1857 (précité), servir de base à la perception des droits de timbre et de transmission établis par la loi (de 1850) sur les actions et obligations des sociétés étrangères, est fixé par le Ministre des Finances, sur l'avis préalable d'une commission composée ainsi qu'il suit : le président de la section de finances au Conseil d'Etat, président ; le directeur général de l'enregistrement, des domaines et du timbre ; le directeur du mouvement général des fonds ; un régent de la Banque de France ; le syndic des agents de change de Paris. — La commission désigne son secrétaire qui a voix consultative.

Art. 2. *Minimum du nombre.* — Le nombre de titres assujettis aux droits de timbre (et de transmission), ne peut être inférieur, pour les *actions*, à un dixième et pour les *obligations*, à deux dixièmes du capital.

Art. 3. *Révision triennale du nombre.* — Le nombre des titres fixé par le Ministre des Finances, conformément aux articles qui précèdent, peut être révisé tous les trois ans. S'il n'y a pas lieu à révision, la fixation précédente sert de base pour une nouvelle période de trois ans. — S'il y a lieu à révision, elle est effectuée dans le trimestre qui précède l'échéance de la troisième année et sert de base pour une nouvelle période de trois ans.

Défaut d'acquittement de la taxe. — Radiation de la cote. — A défaut par les sociétés, compagnies, entreprises, d'acquitter les droits, les titres sont rayés de la cote.

Responsabilité du représentant. — Néanmoins, le représentant établi en France, conformément à l'article 10 (précité) du décret du 17 juillet 1857, reste responsable des droits jusqu'à l'époque à laquelle les titres auront cessé d'être cotés.

Loi du 30 mars 1872.

Négociation, exposition en vente et énonciation dans les actes de titres étrangers.

Art. 2. *Titres non admis à la cote ou non timbrés.* — Nul ne peut négocier, exposer en vente ou énoncer dans des actes de prêt, de dépôt, de nantissement ou dans tout autre acte ou écrit, à l'exception des inventaires, des titres étrangers qui n'auraient pas été admis à la cote ou qui n'auraient pas été dûment timbrés au droit de 1 0/0 du capital nominal.

Enonciation. — Titres non cotés. — Visa pour timbre. — Tout acte, soit public, soit sous seing privé qui énoncera un titre de rente ou effet public d'un gouvernement étranger, ou tout autre titre étranger non coté aux bourses françaises, devra indiquer la date et le numéro du visa pour timbre apposé sur ce titre, ainsi que le montant du droit payé.

Contravention. — Amende. — Chaque contravention à ces dispositions pourra être constatée, dans tous les lieux ouverts au public, par les agents qui ont qualité pour verbaliser en matière de timbre; elle sera punie d'une amende de cinq pour cent de la valeur nominale des titres qui seront énoncés dans des actes ou dont il aura été fait usage. — En aucun cas, l'amende ne pourra être inférieure à 50 francs.

Solidarité. — Toutes les parties seront solidaires pour le recouvrement des droits et amendes.

Officier public ou ministériel. — Une amende de 50 francs sera encourue personnellement par tout officier public ou ministériel qui aura contrevenu aux dispositions qui précèdent.

Loi du 29 juin 1872.

Art. 4, § 2. *Négociation, exposition en vente, émission.* — Les titres étrangers ne pourront être cotés, négociés, exposés en vente ou émis en France qu'en se soumettant à l'acquittement de cette taxe (taxe sur le revenu), ainsi que des droits de timbre et de transmission.

Décret du 6 décembre 1872.

Art. 4. *Emission ou souscription en France.* — Aucune émission ou souscription de titres étrangers ne peut avoir lieu en France qu'après qu'un représentant responsable a été agréé par le Ministre des finances.

Dans le mois qui suit la date de l'émission de la souscription, le Ministre des finances détermine le nombre des titres qui doivent servir de base à la perception des droits de timbre et de transmission, ainsi qu'à l'assiette de la taxe sur le revenu. Le nombre est fixé conformément aux dispositions des règlements d'administration publique des 17 juillet 1857 et 24 mai 1872 (ci-dessus, pages 43 à 48).

Modèle d'engagement de représentant responsable.

(Sur timbre de dimension).

Je, soussigné (*nom, prénoms, profession*)
demeurant à , rue , n°
déclare m'obliger personnellement, en qualité de représentant responsable de la Société de
ayant son siége à , rue , n°
au paiement des droits de timbre, de transmission et de la taxe sur le revenu, ainsi que des amendes y relatives qui peuvent ou pourront être dues par ladite Société.

Paris, le 18 .

(*Signature.*)

BORDEREAU

Nº

NOTA. Un bordereau spécial devra être rédigé pour *chaque nature de titre* et pour *chaque quotité de coupure.*

(1) Nombre des titres en toutes lettres.
(2) Nature des titres.
(3) Quotité de la coupure en toutes lettres.
(4) Capital, en monnaie étrangère et en toutes lettres.

VISA POUR TIMBRE

DES TITRES DE VILLES, SOCIÉTÉS, CORPORATIONS ÉTRANGÈRES ET ÉTABLISSEMENTS PUBLICS ÉTRANGERS.

BORDEREAU *des* (1) *titres de* (2) *donnant un revenu annuel de* (3) *chacun, au capital nominal de* (4) *chacun, présentés par M* *demeurant à* *pour être soumis à la formalité du timbre.*

NUMÉROS DES TITRES. (Inscrire par ordre).	NOMBRE.
Report	
à	
A reporter d'autre part............................	

, le 187 . *(Signature).*

(1) Pour les fractions de centaines, le droit est liquidé sur des sommes rondes de 20 fr. en 20 fr. (Loi du 5 juin 1850, art. 14 et 27).

Vu et CONTRÔLÉ

DÉCOMPTE DES DROITS.

(Ce décompte est établi par le Receveur).

Capital *nominal* de chaque titre, en monnaie étrangère, ci.
Capital *nominal* de chaque titre, en monnaie française, à raison de par ci...............
Droit à percevoir sur *chaque* titre, à 1 fr. par 100 fr. (1)..
Nombre des titres déposés (voir ci-dessus et d'autre part), ci.........................
Principal des droits à percevoir, ci..........
Double décime ....

TOTAL..................

DÉCHARGE POUR LES TITRES RETIRÉS.

Je soussigné, demeurant à reconnais avoir retiré du bureau du Timbre les (1) titres de (2) de (3) chacun, déposés suivant le bordereau ci-dessus; dont décharge.

, le 187 .

(Signature du porteur *du reçu).*

BORDEREAU

Nº

NOTA. La remise du présent reçu au Receveur du Timbre vaudra complète décharge des titres.

REÇU DES TITRES DÉPOSÉS.

Reçu de M . demeurant à les (1) titres de (2) , donnant un revenu annuel de (3) chacun, et au capital nominal de (4) chacun, déposés suivant le bordereau nº pour être soumis à la formalité du timbre.

Ces titres seront rendus contre la remise du présent reçu, le 187 , de 2 à 4 heures du soir; *passé ce délai, le receveur soussigné n'en sera plus responsable.*

, le 187

Le receveur des droits de timbre,

2e PARTIE. — DROIT DE TRANSMISSION.

LOI DU 23 JUIN 1857.

Art. 9. *Droit sur une quotité déterminée du capital social.* — Les actions et obligations émises par les sociétés, compagnies ou entreprises étrangères, sont soumises, en France, à des droits équivalents à ceux qui sont édictés par la présente loi sur les valeurs françaises (art. 6, p. 12); elles ne pourront être cotées et négociées en France, qu'en se soumettant à l'acquittement de ces droits. (50 centimes par 100 francs pour les titres nominatifs, transferts et conversions, et 20 centimes par 100 francs du capital des actions et obligations au porteur et de celles dont la transmission peut s'opérer par un transfert sur les registres de la société sans décimes. Lois des 23 juin 1857, art. 6, p. 12, et 29 juin 1872, art. 3, ci-après.)

Loi du 29 juin 1872. — Art. 3. A partir de la promulgation de la présente loi, le taux des droits et taxe établis par la loi du 23 juin 1857 et par celles des 16 septembre 1871 et 30 mars 1872, est réduit ainsi qu'il suit, savoir : à 50 centimes par 100 francs pour la transmission ou la conversion des titres nominatifs ; à 20 centimes par 100 francs pour la taxe à laquelle sont assujettis les titres au porteur. — Ces droit et taxe ne sont pas soumis aux décimes.

Nota. — Le droit est de 20 centimes sur les titres nominatifs et les titres au porteur étrangers *indistinctement*. — (V. Déc. 17 juillet 1857, art. 10, 3e alin., ci après.)

Règlement d'administration publique. — Un règlement d'administration publique fixera le mode d'établissement et de perception de ce droit, dont l'assiette pourra reposer sur une quotité déterminée du capital social. — Le même règlement déterminera toutes les mesures nécessaires pour l'exécution de la présente loi.

Art. 10. *Contraventions.* — Toutes contraventions aux précédentes dispositions, et à celles des règlements qui seront faits pour leur exécution, est punie d'une amende de 100 fr. à 5,000 fr., sans préjudice des peines portées par l'art. 39 de la loi du 22 frimaire an VII, pour omission ou insuffisance de déclaration. (Voir cet art. 39, p. 42.)

Décret du 17 juillet 1857,

Portant règlement d'administration publique.

Art. 10. *Exécution de l'article 9 de la loi.* — *Désignation d'un représentant responsable.* — Pour l'exécution de l'art. 9 de la loi, les sociétés, compagnies ou entreprises étrangères qui ont été autorisées à faire coter leurs actions et obligations soit à la Bourse de Paris, soit aux bourses départementales, seront tenues, dans les deux mois de la promulgation de la loi, de désigner un représentant responsable en France, et de le faire agréer par le Ministre des Finances, sous peine de se voir retirer l'autorisation dont elles jouissent. — Toute compagnie qui, à l'avenir, sera autorisée à faire coter ses titres en France, devra également faire agréer par le Ministre des Finances un représentant responsable. (Voir page 47, *Modèle d'engagement de représentant responsable.*)

Déclaration du nombre d'actions et d'obligations. — Les sociétés, compagnies et entreprises mentionnées aux deux paragraphes précédents, remettront au Ministre des Finances une déclaration indiquant le nombre de leurs actions et obligations qui devra servir de base à l'impôt. — Ce nombre sera fixé par le Ministre des Finances.

Taxe annuelle et obligatoire sans distinction entre les titres nominatifs et les titres au porteur. — Ces sociétés, compagnies et entreprises payeront, pour leurs actions et obligations soumises à l'impôt, une taxe annuelle et obligatoire de... centimes (20 cent., loi du 29 juin 1872, art. 3, précité page 50) par 100 francs, conformément au § 2 de l'art. 6 de la loi du 23 juin 1857 (*Titres au porteur*, 2e alinéa, page 13), *sans faire aucune distinction entre les titres nominatifs et les titres au porteur.*

Epoques de paiement. — Fixation du cours moyen. — Valeurs étrangères. — Les dispositions des art. 5 et 7 du présent règlement, relatives aux époques du paiement et à la fixation du cours moyen, seront applicables aux valeurs étrangères. (Voir ces art. 5 et 7 ci-après indiqués, pages 16 et 17).

Art. 5. *Acquittement de la taxe sur les titres au porteur et ceux dont la transmission peut s'opérer sans un transfert sur les registres de la société. — Dépôt d'états distincts des actions et des obligations. — Cours moyen des titres cotés. — Titres non cotés. — Délai de paiement de la taxe. — Compagnies créées après l'ouverture d'un trimestre.*

Art. 7. — *Cours moyen des titres au porteur* (*Calcul du*). — *Cours moyen des valeurs cotées.*

Art. 12. *Contraventions* (*dispositions du présent article applicables aux sociétés étrangères*). — En cas d'infraction aux dispositions du présent règlement, ou de retard, soit dans le paiement des droits, soit dans les dépôts des états, relevés, et déclarations prescrits par les articles précédents, les sociétés, compagnies et entreprises, seront passibles de l'amende prononcée par l'art. 10 de la loi du 23 juin 1857 (p. 50), sans préjudice des peines portées par l'art. 39 de la loi du 22 frimaire an VII, pour omission ou insuffisance de déclaration. (Voir cet art. 39, p. 42). — En cas d'omission ou d'insuffisance dans les états, relevés et déclarations, la preuve en sera faite comme en matière d'enregistrement.

Les dispositions du présent article seront applicables aux sociétés, compagnies ou entreprises étrangères et à leurs représentants.

Décret du 24 mai 1872,

Portant règlement d'administration publique.

Art. 1. *Nombre de titres à fixer par le Ministre des Finances sur l'avis d'une commission.* — Le nombre des titres qui doit, en vertu de l'article 10 du décret du 17 juillet 1857, précité, servir de base à la perception des droits de transmission établis par les lois ci-dessus mentionnées (loi du 23 juin 1857, p. 49), sur les actions et obligations des sociétés étrangères, est fixé par le Ministre des Finances, sur l'avis préalable d'une commission composée ainsi qu'il suit : Le président de la section des finances au Conseil d'Etat, président ; le directeur général de l'enregistrement, des domaines et du timbre ; le directeur du mouvement général des fonds ; un régent de la Banque de France ; le syndic des agents de change de Paris ; la Commission désigne son secrétaire qui a voix consultative.

Art. 2. *Minimum du nombre.* — Le nombre des titres assujettis aux droits de transmission ne peut être inférieur, pour les actions, à un dixième, et pour les obligations, à deux dixièmes du capital.

Art. 3. *Révision triennale du nombre.* — Le nombre de

titres fixé par le Ministre des Finances, conformément aux articles qui précèdent, peut être révisé tous les trois ans. S'il n'y a pas lieu à révision, la fixation précédente sert de base pour une nouvelle période de trois ans. — S'il y a lieu à révision, elle est effectuée dans le trimestre qui précède l'échéance de la troisième année et sert de base pour une nouvelle période de trois ans.

Non acquittement des droits. — Radiation de la cote. — Responsabilité du représentant. — A défaut par les sociétés, compagnies et entreprises d'acquitter les droits, les titres, sont rayés de la cote. — Néanmoins, le représentant établi en France, conformément à l'art. 10 du décret du 17 juillet 1857 (p. 50), reste responsable des droits jusqu'à l'époque à laquelle les titres auront cessé d'être cotés.

LOI DU 29 JUIN 1872.

Art. 4, § 2. — *Négociation, exposition en vente, émis sion.* — Les titres étrangers ne pourront être cotés, négociés, exposés en vente ou émis en France qu'en se soumettant à l'acquittement de cette taxe (Taxe sur le revenu) ainsi que des droits de timbre et de transmission.

DÉCRET DU 6 DÉCEMBRE 1872.

Art. 4. *Emission ou souscription en France de titres étrangers.* — V. page 47.

3e PARTIE. — TAXE SUR LE REVENU

(SOCIÉTÉS, VILLES, PROVINCES, ETC., ÉTRANGÈRES).

LOI DU 29 JUIN 1872.

DÉCRET DU 6 DÉCEMBRE 1872.

Lots et primes de remboursement. — Loi du 21 juin 1875, décret du 15 décembre 1875, et instruction du 17 décembre 1875, (Voir pages 27, 31 et 33.

LOI DU 29 JUIN 1872.

Art. 4. *Taxe annuelle et obligatoire sur une quotité déterminée du capital social.* — Les actions, obligations, titres d'emprunts, quelle que soit d'ailleurs leur dénomination, des sociétés, compagnies, entreprises, corporations, villes, provinces étrangères, ainsi que de tout autre établissement public étranger, sont soumis à une taxe équivalente à celle qui est établie par la présente loi sur le revenu des valeurs françaises.

Voir pages 23 à 25 : Art. 1er. *Taxe annuelle et obligatoire sur les actions, les obligations ou emprunts.* — Art. 2. *Détermination du revenu des actions et des obligations.* — Art. 3. *Quotité de la taxe : 3 0/0.*

Non acquittement de la taxe. — Refus de cote. — Les titres étrangers ne pourront être cotés, négociés, exposés en vente ou émis en France qu'en se soumettant à l'acquittement de cette taxe (ainsi que des droits de timbre et de transmission).

Règlement d'administration publique. — Assiette du droit. — Un règlement d'administration publique fixera le mode d'établissement et de perception de ce droit dont l'assiette pourra reposer sur une quotité déterminée du capital social. — Le même règlement déterminera les époques de payement de la taxe, ainsi que toutes les autres mesures nécessaires pour l'exécution de la présente loi.

Art. 5. *Contraventions.* — Chaque contravention aux dispositions qui précèdent et à celles du règlement d'administration publique qui sera fait pour leur exécution, sera punie conformément à l'art. 10 de la loi du 23 juin 1857 (100 à 5,000 fr., page 50).

Recouvrement et instances. — Le recouvrement de la taxe sur le revenu sera suivi, et les instances seront introduites et jugées comme en matière d'enregistrement.

Décret du 6 décembre 1872,

Portant règlement d'administration publique.

Art. 1. *Avances et lieu de payement du droit. — Payements en quatre termes. — Obligations à revenu fixe. — Actions, parts d'intérêt, commandites, emprunts à revenu variable. — Liquidation définitive de la taxe.*

Art. 2. *Fixation des termes de payement. — Date de la liquidation définitive pour les sociétés assujetties à des comptes-rendus ou à des délibérations. — Idem, pour les sociétés non assujetties à prendre des délibérations.*

(Voir ces articles, pages 25 et 26.)

Art. 3. *Application des articles 1 et 2 du décret.* — Toutes les dispositions des deux articles précédents sont applicables aux sociétés, compagnies, entreprises, corporations, villes, provinces étrangères, ainsi qu'à tous autres établissements publics étrangers dont les titres sont cotés ou circulent en France, ou qui ont pour objets des biens soit mobiliers, soit immobiliers situés en France.

Assiette de la taxe. — Titres cotés. — La taxe sur le revenu, pour les titres cotés à la Bourse ou émis en France, est assise sur la même base que les droits de timbre et de transmission ; elle est déterminée en la forme prévue au règlement d'administration publique du 24 mai 1872. (Voir p. 45.)

Décret du 24 mai 1872, art. 1er. *Nombre des titres à fixer par le Ministre des Finances sur l'avis d'une commission.*
Art. 2. *Minimum du nombre.*
Art. 3. *Révision triennale du nombre. — Non acquittement des droits. — Radiation de la cote. — Responsabilité du représentant.*

Assiette de la taxe. — Titres non cotés. — Les sociétés, compagnies et entreprises étrangères dont les titres ne sont pas cotés, mais qui ont pour objet des biens meubles ou immeubles situés en France, doivent la taxe sur le revenu, à raison des valeurs françaises qui en dépendent, et acquittent cette taxe d'après une quotité du capital social fixée par le Ministre des Finances, sur l'avis préalable de la commission instituée par le règlement ci-dessus indiqué. Elles doivent, à cet effet, faire agréer par le Ministre des Finances, avant le 1er décembre 1872, si elles existent actuellement, et, dans le cas contraire, avant toute opération en France, un représentant français personnellement responsable des droits et amendes.

609. — 4. *Emission ou souscription en France de titres étrangers.* — Aucune émission ou souscription en France de titres étrangers ne peut avoir lieu en France qu'après qu'un représentant responsable a été agréé par le Ministre des Finances.

Dans le mois qui suit la date de l'émission ou de la souscription, le Ministre des Finances détermine les titres qui doivent servir de base à la perception des droits de timbre et de transmission, ainsi qu'à l'assiette de la taxe sur le revenu. Ce nombre est fixé conformément aux dispositions du règlement d'adminstration publique du 17 juillet 1857 et 24 mai 1872 (p. 45).

VILLES, PROVINCES

CORPORATIONS ET ÉTABLISSEMENTS PUBLICS ÉTRANGERS.

1re PARTIE. — *Droit de visa pour timbre.*
2e PARTIE. — *Droit de transmission.*
3e PARTIE. — *Taxe sur le revenu.* (V. *Sociétés étrangères*, page 53.)

1re PARTIE. — DROIT DE VISA POUR TIMBRE.

LOI DU 30 MARS 1872.

Droit sur une quotité déterminée du capital. Titres non cotés. — Art. 1.
Titres non admis à la cote ou non timbrés. — Art 2.
Enonciation dans les actes. — Titres non cotés. — Visa. — Art. 2.
Contravention. — Amendes. — Art. 2.
Décimes. — Art. 3.

DÉCRET DU 24 MAI 1872.

Fixation et perception des droits de timbre. — Titres cotés. — Art. 4.

LOI DU 29 JUIN 1872.

Négociation, exposition en vente ou émission en France de titres étrangers. — Art. 4.

DÉCRET DU 6 DÉCEMBRE 1872.

Emission ou souscription en France de titres étrangers. — Représentant responsable. — Art. 4.

LOI DU 30 MARS 1872.

Art. 1. *Droit de timbre sur une quotité déterminée du capital.* — Les titres émis par les villes, provinces et corporations étrangères, quelle que soit leur dénomination, et par tout autre établissement public étranger, seront soumis à des droits équivalents à ceux qui sont établis par la présente loi (droit de transmission) et par celle du 5 juin 1850 sur le timbre. (1 0/0 du capital nominal des titres *non cotés*, art. 14, page 3.)

Ils ne pourront être cotés ou négociés en France qu'en se soumettant à l'acquittement de ces droits.

Règlement d'administration publique. — Assiette du droit. — Un règlement d'administration publique (ci-après) fixera pour ces titres le mode d'établissement et de perception de l'impôt dont l'assiette pourra reposer sur une quotité déterminée du capital.

(*Tarif des titres cotés*, cinq centimes par cent. — Décret du 17 juillet 1857, art. 11 (page 43), auquel renvoie l'art. 4. du décret du 24 mai 1872, ci-après.)

Art. 2. *Titres non admis à la cote ou non timbrés. — Droit de timbre à 1 0/0.* — Nul ne peut négocier, exposer en vente ou énoncer dans des actes de prêt, de dépôt, de nantissement ou dans tout autre acte ou écrit, à l'exception des inventaires, des titres étrangers qui n'auraient pas été dûment timbrés au droit de 1 0/0 du capital nominal.

Enonciation. — Titres non cotés. — Visa pour timbre. — Tout acte, soit public, soit sous seing privé qui énoncera un titre de rente ou effet public d'un gouvernement étranger, ou tout autre titre étranger non coté aux bourses françaises, devra indiquer la date et le numéro du visa pour timbre apposé sur ce titre, ainsi que le montant du droit payé.

Contravention. — Amende. — Chaque contravention à ces dispositions pourra être constatée, dans tous les lieux ouverts au public, par les agents qui ont qualité pour verbaliser en matière de timbre ; elle sera punie d'une amende de cinq pour cent de la valeur nominale des titres qui seront négociés, exposés en vente, énoncés dans des actes ou dont il aura été fait usage. — En aucun cas, l'amende ne pourra être inférieure à 50 francs.

Solidarité. — Toutes les parties sont solidaires pour le recouvrement des droits et amendes.

Officier public. — Une amende de 50 fr. sera encourue personnellement par tout officier public ou ministériel qui aura contrevenu aux dispositions qui précèdent.

Art. 3. *Deux décimes.* — Les deux décimes ajoutés au principal des droits de timbre de toute nature par l'art. 2 de la loi du 23 août 1871 sont applicables aux taxes d'abonnement exigibles depuis la mise à exécution de cette loi, quelle que soit d'ailleurs l'époque à laquelle l'abonnement a été contracté.

LOI DU 23 AOUT 1871. — Art. 2. Il est ajouté deux décimes au principal des droits de timbre de toute nature.

DÉCRET DU 24 MAI 1872,

Portant règlement d'administration publique.

Art. 1. *Nombre de titres fixés par le Ministre des Finances sur l'avis d'une Commission. Représentant responsable.*

Art. 2. *Minimum du nombre.*

Art. 3. *Révision triennale du nombre. — Défaut d'acquittement de la taxe. — Radiation de la cote. — Responsabilité du représentant.* (Voir ces trois articles à *Sociétés étrangères,* page 45.)

Art. 4. *Fixation et perception des droits de timbre.* — Les droits de timbre et de transmission dus en vertu de l'article 1er de la loi du 30 mars 1872, pour les titres émis par les villes, provinces, corporations étrangères et par tous autres établissements publics étrangers, sont fixés et perçus conformément aux dispositions du présent règlement et du règlement d'administration publique du 17 juillet 1857.

(V. ce décret page 43. — Art. 10. Exécution de l'art. 9 de la loi du 23 juin 1857. Désignation d'un représentant responsable. — Déclaration à faire.

Art. 11. — Acquittement du droit par les sociétés étrangères sur la quotité du capital déclaré, lorsque les titres sont cotés. (V. *Sociétés étrangères*, page 43.)

Loi du 29 juin 1872.

Art. 4, 2e alinéa. *Négociation, exposition, émission.* — Les titres étrangers, ne pourront être cotés, négociés, exposés en vente ou émis en France, qu'en se soumettant à l'acquittement de cette taxe (taxe sur le revenu) ainsi que des droits de timbre et de transmission.

Décret du 6 décembre 1872.

Art. 4. *Emission ou souscription de titres étrangers. — Représentant responsable.* — Aucune émission ou souscription de titres étrangers ne peut avoir lieu en France qu'après qu'un représentant responsable a été agréé par le Ministre des Finances. Dans le mois qui suit la clôture de l'émission ou de la souscription, le Ministre des Finances détermine le nombre des titres qui doivent servir de base à la perception des droits de timbre (et de transmission, ainsi qu'à l'assiette de la taxe sur le revenu.) Ce nombre est fixé conformément aux dispositions des règlements d'administration publique des 17 juillet 1857 et 24 mai 1872, ci-dessus.

2e PARTIE. — DROIT DE TRANSMISSION.

Loi du 30 mars 1872.

Droit sur une quotité déterminée du capital social. — Art. 1.

Décret du 24 mai 1872.

Fixation et perception des droits. — Art. 4.

LOI DU 29 JUIN 1872.

Négociation, exposition en vente ou émission en France de titres étrangers. — Art. 4.

DÉCRET DU 6 DÉCEMBRE 1872.

Emission ou souscription en France de titres étrangers. — Représentant responsable. — Art. 4.

LOI DU 30 MARS 1872.

Art. 1. *Droit sur une quotité déterminée du capital.* — Les titres émis par les villes, provinces et corporations étrangères, quelle que soit leur dénomination, et par tout autre établissement public étranger, seront soumis à des droits équivalents à ceux qui sont établis par la présente loi (droit de transmission), et par celle du 5 juin 1850 sur le timbre.

Ils ne pourront être cotés ou négociés en France qu'en se soumettant à l'acquittement de ces droits.

Règlement d'administration publique. — Assiette du droit. — Un règlement d'administration publique fixera pour ces titres le mode d'établissement et de perception de l'impôt, dont l'assiette pourra reposer sur une quotité déterminée du capital.

Titres au porteur. — Tarif. — A dater du 1er avril 1872, le droit de transmission de.... centimes sur les titres au porteur de toute nature, établi par la loi du 23 juin 1857 est fixé à.... centimes annuellement. (20 centimes, sans addition de décimes. L. 29 juin 1872, art. 3, 3e alinéa, ci-après.)

LOI DU 29 JUIN 1872. — Art. 3. A partir de la promulgation de la présente loi, le taux des droits et taxe établis par la loi du 23 juin 1857, et par celles des 16 septembre 1871 et 30 mars 1872, est réduit ainsi qu'il suit, savoir : à 50 centimes par 100 francs pour la transmission ou la conversion des titres nominatifs; — à 20 centimes par 100 francs pour la taxe à laquelle sont assujettis les titres au porteur. Ces droits et taxe ne sont pas soumis aux décimes.

(Pour les titres de villes, etc., la taxe est de 20 centimes, *sans faire de distinction entre les titres nominatifs et les titres au porteur.* — Art. 10, 3e alin. du décret du 17 juillet 1857, page 51.)

Décret du 24 mai 1872,

Portant règlement d'administration publique.

Art. 1er. *Nombre de titres à fixer par le Ministre des Finances sur l'avis d'une Commission, conformément à l'art. 10 du décret du 17 juillet 1857.*

Décret du 17 juillet 1857. — Voir *Sociétés étrangères*, p. 50. Art. 10. — *Exécution de l'article 9 de la loi du 23 juin 1857. — Déclaration du nombre d'actions et d'obligations. Taxe annuelle et obligatoire sans distinction entre les titres nominatifs et les titres au porteur. — Epoques des paiements. Fixation du cours moyen des valeurs étrangères. — Rappel par ledit article 10 des articles 5 et 7 dudit règlement.*

Art. 2. *Minimum du nombre.*

Art. 3. *Révision triennale du nombre. — Non acquittement des droits. — Radiation de la cote.*

(Voir ces articles 1 à 3, page 45, *Sociétés étrangères.*)

Art. 4. *Fixation et perception des droits.* — Les droits de timbre et de transmission dus en vertu de l'article 1er de la loi du 30 mars 1872, pour les titres émis par les villes, provinces, corporations étrangères et par tous autres établissements publics étrangers, sont fixés et perçus conformément aux dispositions du règlement d'administration publique du 17 juillet 1857 et à celles du présent règlement.

Loi du 29 juin 1872.

Art. 4, 2e alin. *Négociation, exposition en vente, émission.* — Les titres étrangers ne pourront être cotés, négociés, exposés en vente ou émis en France qu'en se soumettant à l'acquittement de cette taxe (taxe sur le revenu) ainsi que des droits de timbre et de transmission.

DÉCRET DU 6 DÉCEMBRE 1872.

Art. 4. *Emission ou souscription en France de titres étrangers. — Représentant responsable*, page 47.

3e PARTIE. — TAXE SUR LE REVENU.

Voir *Sociétés étrangères, taxe sur le revenu*, page 53.

TITRES DE RENTES

EMPRUNTS ET AUTRES EFFETS PUBLICS

DE GOUVERNEMENTS ÉTRANGERS.

LOI DU 13 MAI 1863.

Droit de timbre sur la valeur nominale. — Art. 6.
Monnaies étrangères (évaluation des). — Art. 6.
Contraventions. — Art. 7.
Acquittement du droit au moyen du visa pour timbre. — Art. 8.

LOI DU 30 MARS 1872.

Négociation, exposition en vente et énonciation dans les actes de titres étrangers non admis à la cote et non timbrés, 1er alinéa. — Art. 2.
Mention du droit de timbre dans les actes et du numéro du visa des titres non cotés, 2e alinéa. — Art. 2.
Contraventions. — Amende. — Solidarité des parties. — Amende contre l'officier public ou ministériel, 3e alinéa. — Art. 2.

LOI DU 25 MAI 1872.

DÉCRET DU 6 DÉCEMBRE 1872.

INSTRUCTION DU 27 MAI 1872, n° 2446,

LOI DU 13 MAI 1863.

Art. 6. *Droit de timbre. — Valeur nominale.* — A dater du 1er juillet 1863, sont soumis à un droit de timbre de.... centimes par 100 francs ou fraction de 100 francs (voir plus bas le tarif : L. 25 mai 1872, art. 1, p. 66), du montant de leur valeur nominale, les titres de rentes, emprunts et autres effets publics des Gouvernements étrangers, quelle qu'ait été l'époque de leur création.

Évaluation des monnaies étrangères. — La valeur des monnaies étrangères en monnaies françaises sera fixée annuellement par un décret.

Art. 7. *Contravention.* — Aucune transmission des titres énoncés en l'article précédent ne peut avoir lieu avant que ces titres aient acquitté le droit de timbre. En cas de contravention, le propriétaire du titre et l'agent de change ou tout autre officier public qui aura concouru à la transmission, seront passibles chacun d'une amende de dix pour cent de la valeur nominale de ce titre. (Voir les derniers mots de l'instruction du 27 mai 1872, page 70.)

Art. 8. *Acquittement de droit.* — L'acquittement du droit

de timbre établi par la présente loi sera constaté, soit au moyen du visa pour timbre, soit....

Nota. — Le règlement d'administration qui devait créer des timbres mobiles n'a pas été fait. Le payement de l'impôt est constaté par une mention de *Visa pour timbre*. (V. L. 30 mars 1872, ci-après.)

Loi du 30 mars 1872.

Art. 2. *Négociation, exposition en vente, énonciation dans les actes de titres étrangers.* — Nul ne peut négocier, exposer en vente ou énoncer dans des actes de prêt, de dépôt, de nantissement ou dans tout autre acte ou écrit, à l'exception des inventaires, des titres étrangers qui n'auraient pas été admis à la cote ou qui n'auraient pas été dûment timbrés au droit de 1 0/0 du capital nominal. (V. plus bas, L. 25 mai 1872, nouveau tarif pour les titres de rentes des gouvernements étrangers).

Tout acte, soit public, soit sous seing privé, qui énoncera un titre de rente ou effet public d'un gouvernement étranger, ou tout autre titre étranger non coté aux bourses françaises, devra indiquer la date et le numéro du visa pour timbre apposé sur ce titre, ainsi que le montant du droit payé.

Chaque contravention à ces dispositions pourra être constatée, dans tous les lieux ouverts au public, par les agents qui ont qualité pour verbaliser en matière de timbre ; elle sera punie d'une amende de cinq pour cent de la valeur nominale des titres qui seront négociés, exposés en vente, énoncés dans des actes, ou dont il aura été fait usage. En aucun cas, l'amende ne pourra être inférieure à 50 francs. — Toutes les parties sont solidaires pour le recouvrement des droits et amendes.

Une amende de 50 francs sera encourue personnellement par tout officier public ou ministériel qui aura contrevenu aux dispositions qui précèdent.

Loi du 25 mai 1872.

Art. 1. *Tarif.* — Le droit de timbre établi par les lois des

13 mai 1863 et 8 juin 1864 sur les titres de rentes, emprunts et tous autres effets publics des Gouvernements étrangers, est fixé, à l'avenir, ainsi qu'il suit, savoir : à 75 centimes pour chaque titre de 500 fr. et au-dessous ; à 1 fr. 50 pour chaque titre de 500 fr. jusqu'à 1,000 fr. ; à 3 fr. pour chaque titre au-dessus de 1,000 fr. jusqu'à 2,000 fr. et ainsi de suite, à raison de 1 fr. 50 par 1,000 fr. ou fraction de 1,000 fr.

Décimes. — Ce droit n'est pas assujetti aux deux décimes.

Valeur nominale. — Il est perçu sur la valeur nominale du titre.

TARIF.

0 fr.	75 c.	de	1 fr.	à	500 fr.		9 fr.	» c.	de	5,000 fr.	à	6,000 fr.
1	50	de	500	à	1,000		10	50	de	6,000	à	7,000
3	»	de	1,000	à	2,000		12	»	de	7,000	à	8,000
4	50	de	2,000	à	3,000		13	50	de	8,000	à	9,000
6	»	de	3,000	à	4,000		15	»	de	9,000	à	10,000
7	50	de	4,000	à	5,000							

NOTA. — Voir sur la couverture le titre d'un ouvrage sur le timbre des effets publics des gouvernements étrangers, et la conversion des monnaies étrangères.

Art. 2. *Déclaration d'émissions ou souscriptions. — Lieu de la déclaration.* — Aucune émission ou souscription de titres de rentes ou effets publics des gouvernements étrangers ne peut être annoncée, publiée ou effectuée en France, sans qu'il ait été fait, dix jours à l'avance, au bureau de l'enregistrement de la résidence, une déclaration, dont la date est mentionnée dans l'avis ou annonce.

Remise des titres ou des certificats provisoires. — Les titres ou les certificats provisoires de titre souscrits ou émis en France ne peuvent être remis aux souscripteurs en personne sans avoir préalablement acquitté les droits de timbre fixés par l'article précédent. Si le droit a été payé sur le certificat provisoire, le titre définitif correspondant sera timbré sans frais sur la représentation de ce certificat.

Art. 3. *Contraventions (Constatation des). — Amendes.* — Chaque contravention aux dispositions des paragraphes 1er et 2 de l'article précédent pourra être constatée dans les formes et conditions indiquées au 3e paragraphe de l'article 2 de la loi du 30 mars 1872 (ci-dessus, page 65).

Elle sera également punie d'une amende de cinq pour cent de la valeur nominale des titres annoncés ou émis, sans que cette amende puisse être inférieure à 50 fr. — L'amende est due personnellement et sans recours par celui qui a fait des annonces sans déclaration préalable, qui a émis ou qui a servi d'intermédiaire pour l'émission ou la souscription des titres non timbrés. La même amende sera exigible à raison d'émissions de souscriptions faites sans déclaration préalable. — Le souscripteur ou le preneur de titres non timbrés est tenu solidairement de l'amende, sauf son recours contre celui qui a ouvert les souscriptions ou émis les titres.

DÉCRET DU 6 DÉCEMBRE 1859.

Art. 4. — *Émission ou souscription en France de titres étrangers. — Représentant responsable.* — Voir page 47.

669. INSTRUCTION DU 27 MAI 1872, N° 2446,

Sur le timbre des titres de rentes et effets publics des gouvernements étrangers.

Les lois des 13 mai 1863 et 8 juin 1864 ont soumis à un droit de timbre de 1 franc par 100 francs ou fraction de 100 francs du montant de leur valeur nominale, les titres de rentes, emprunts et autres effets publics des gouvernements étrangers. L'article 7 de la loi du 13 mai 1863 dispose, en outre, qu'aucune transmission de titres de fonds d'Etats étrangers ne peut avoir lieu avant que ces titres aient acquitté le droit de timbre.

Sous ce régime fiscal, l'émission et la souscription des titres, leur exposition en vente et leur énonciation dans les actes non translatifs de propriété, ne donnaient pas ouverture à la perception du droit de timbre. La taxe ne pouvait atteindre ces titres que lors de leur négociation sur le marché officiel.

La loi du 30 mars dernier (instruction n° 2445) a décidé que la négociation, l'exposition en vente des titres étrangers, leur énonciation dans les actes, à la seule exception des inventaires, donnent lieu à la perception des droits.

Une nouvelle loi, votée le 25 mai courant, soumet en outre aux droits les titres émis ou souscrits en France.

Cette loi modifie en même temps le tarif établi par les lois préexistantes. Ainsi, au lieu de 1 franc par 100 francs ou fraction de 100 francs de capital nominal, le droit sera perçu, à l'avenir, ainsi qu'il suit :

75 centimes pour chaque titre de 500 francs et au-dessous ;

1 fr. 50 cent. pour chaque titre au-dessus de 500 francs jusqu'à 1,000 francs ;

3 francs pour chaque titre au-dessus de 1,000 francs jusqu'à 2,000 francs ;

Et ainsi de suite à raison de 1 fr. 50 cent. par 1,000 francs ou fraction de 1,000 francs.

Ce droit n'est pas assujeti aux deux décimes.

La liquidation du droit aura lieu, comme par le passé, d'après le capital nominal des rentes, déterminé suivant les bases fixées annuellement par un décret pour la conversion des monnaies étrangères en monnaies françaises.

Il n'est apporté aucune modification aux règles tracées par l'instruction n° 2250, pour le mode de perception du droit.

L'article 2 de la loi du 25 mai 1872 dispose qu'aucune émission ou souscription de titres de rentes ou effets publics des gouvernements étrangers ne peut être annoncée, publiée ou affichée en France sans qu'il ait été fait, dix jours à l'avance, au bureau de l'enregistrement dans la circonscription duquel l'émission où la souscription ont lieu, une déclaration dont la date doit être mentionnée dans les avis ou annonces.

En présence des termes généraux de l'article, on a demandé, lors de la discussion, si un banquier français qui n'aurait ni mission, ni pouvoir pour émettre les titres d'un gouvernement étranger, pourrait néanmoins recevoir des souscriptions sans que cette opération donnât ouverture au droit de timbre.

Le rapporteur a répondu à cette question, au nom de la Commission et du Gouvernement, ainsi qu'il suit : « Si la personne » qui fait l'émission de rente d'un gouvernement étranger... fait » savoir par un procédé quelconque, soit en France, soit à l'étran- » ger, que le public pourra souscrire en France dans telle mai- » son de banque ou dans une maison quelconque... les titres » souscrits seront assujettis au droit de timbre.

« Mais, supposons, au contraire, l'émission d'un emprunt d'un » gouvernement étranger, annoncée à l'étranger seulement, sans » qu'il soit dit que les souscriptions peuvent se faire en France. » Un capitaliste français apprend, par sa correspondance, l'exis- » tence de cette émission ; il n'a pas de relation dans le pays où » se fait l'émission ; il ne veut pas aller lui-même faire la sous- » cription. Il va s'adresser à son banquier en France ; il le prie » de faire souscrire pour lui à cet emprunt dont l'émission a lieu » à l'étranger ; il lui remet la somme nécessaire pour payer les » titres à souscrire ; il le prie de la transmettre à la personne » qui est chargée de l'émission et de lui faire parvenir les titres » quand cette personne les lui aura adressés. Dans ce cas, le » droit de timbre n'est pas dû, car il s'agit uniquement ici d'une » affaire privée, et comme il n'y a eu ni publicité, ni provocation » quelconque à souscrire, il n'y a pas, par conséquent, dans le » sens de la loi fiscale, émission ou souscription en France.

« Le Gouvernement et la Commission entendent la loi comme » je viens de l'expliquer, c'est-à-dire dans le sens qu'elle devra » être appliquée par les tribunaux. »

L'article 2 de la loi du 25 mai ajoute que les titres ou les certificats provisoires de titres souscrits ou émis en France ne pourront être remis aux souscripteurs ou preneurs sans avoir été assujettis préalablement au timbre. Cette disposition législative abroge explicitement l'interprétation donnée à la loi du 13 mai 1863 et consignée dans l'instruction n° 2250; interprétation de laquelle il résultait que l'impôt de timbre n'était pas applicable aux certificats provisoires, et que les titres définitifs seuls y étaient assujettis.

La loi dispose, en outre, que si le droit a été payé sur le certificat provisoire, le titre définitif correspondant sera timbré sans frais sur la représentation de ce certificat. Cette disposition, que le rapporteur appelle une *dérogation libérale aux principes de la matière*, a dù faire l'objet d'une mention formelle dans la loi; « car le droit de timbre étant, par essence, un droit de con-» sommation du papier, ne peut jamais être remboursé, ni être » admis en compensation des droits de timbre exigibles sur un » autre titre, fût-il de même nature. » (Exposé des motifs.)

Il suit de là qu'en cas de renouvellement, pour une cause quelconque, d'un titre de rente ou effet public d'un gouvernement étranger, un nouveau droit de timbre deviendra exigible, et qu'il n'y a pas lieu d'appliquer à ce cas les dispositions de l'article 17 de la loi du 5 juin 1850 qui est spécial aux actions des sociétés. (V. art. 17, p. 4). D'ailleurs, il ne faut pas perdre de vue que le droit de timbre des actions, qui ont toujours une durée limitée, est de 1 0/0, tandis que le tarif nouveau, applicable aux rentes étrangères, qui sont perpétuelles, n'est que de 1.50 par 1,000 fr.

La déclaration pour l'émission ou la souscription de fonds d'Etats étrangers sera faite au bureau d'enregistrement qui a dans ses attributions les perceptions des droits de timbre à l'extraordinaire, et inscite sur le registre de recette. Si le déclarant le requiert, il lui sera délivré un extrait de sa déclaration sans autres frais que le prix du papier timbré.

L'article 3 édicte des pénalités, soit pour l'annonce d'une émission sans déclaration, soit pour l'émission sans déclaration, soit enfin pour l'émission de titres non timbrés.

Quant à la négociation, à l'exposition en vente, ou à l'énonciation de titres de fonds d'Etats en contravention aux lois sur le timbre, elles seront punies par l'article 2 de la loi du 30 mars 1872 qui, en termes généraux, dispose que nul ne peut négocier, exposer en vente ou énoncer dans des actes des titres étrangers qui n'auraient pas été dûment timbrés. L'amende est dans tous les cas, de 5 0/0 de la valeur nominale des titres, sans qu'elle puisse être inférieure à 50 francs. Par suite, les pénalités édictées par le 2e paragraphe de l'article 7 de la loi du 13 mai 1863, se trouvent abrogées. (V. page 64.)

BORDEREAU

N°

NOTA. Un bordereau spécial devra être rédigé pour *chaque nature de titre* et pour *chaque quotité de coupure*.

(1) Nombre des titres en toutes lettres.
(2) Nature des titres.
(3) Quotité de la coupure en toutes lettres.
(4) Capital, en monnaie étrangère et en toutes lettres.

VISA POUR TIMBRE

DES TITRES DE RENTES ET AUTRES EFFETS PUBLICS DES GOUVERNEMENTS ÉTRANGERS.

BORDEREAU *des* (1) *titres de* (2) *donnant un revenu annuel de* (3) *chacun, au capital nominal de* (4) *chacun, présentés par M demeurant à pour être soumis à la formalité du timbre.*

NUMÉROS DES TITRES. (Inscrire par ordre).	NOMBRE.
Report	
à	
A reporter d'autre part..........................	

, le 187 . *(Signature).*

DÉCOMPTE DES DROITS.

(Ce décompte est établi par le Receveur).

Capital *nominal* de chaque titre, en monnaie étrangère, ci ....
Capital *nominal* de chaque titre, en monnaie française, à raison de par ci..

Droit à percevoir sur *chaque* titre....
- à 0 fr. 75 cent. pour les titres de 500 francs et au-dessous, ci..
- à 1 fr. 50 cent. par 1,000 fr. et par fraction de 1,000 fr. pour les titres au-dessus de 500 fr., ci ....

Nombre des titres déposés (voir ci-dessus et d'autre part), ci......
Total des droits à percevoir, ci...

VU et CONTRÔLÉ :

DÉCHARGE POUR LES TITRES RETIRÉS.

Je soussigné, demeurant à reconnais avoir retiré du bureau du Timbre les (1) titres de (2) de (3) chacun, déposés suivant le bordereau ci-dessus; dont décharge.

, le 187 .

(Signature du porteur *du reçu).*

BORDEREAU

N°

DÉCHARGE DES TITRES DÉPOSÉS.

Reçu de M demeurant à les (1) titres de (2) , donnant un revenu annuel de (3) chacun, et au capital nominal de (4) chacun, déposés suivant le bordereau n° pour être soumis à la formalité du timbre.

Ces titres seront rendus contre la remise du présent reçu, le 187 , de 2 à 4 heures du soir; *passé ce délai, le receveur soussigné n'en sera plus responsable.*

, le 187

Le receveur des droits de timbre,

NOTA. La remise du présent reçu au Receveur du Timbre vaudra complète décharge des titres.

APPENDICE

LOIS CIVILES SUR LES SOCIÉTÉS COMMERCIALES

LOI DU 24 JUILLET 1867.

DÉCRET DU 22 JANVIER 1868,

Portant règlement d'administration publique sur la constitution des sociétés d'assurances.

LOI DU 24 JUILLET 1867.

§ 1er. Des sociétés en commandite par actions.

Art. 1er. *Division du capital.— Conditions de la constitution définitive.* — Les sociétés en commandite ne peuvent diviser leur capital en actions ou coupons d'actions de moins de cent francs, lorsque ce capital n'excède pas deux cent mille francs, et de moins de cinq cents francs, lorsqu'il est supérieur.

Elles ne peuvent être définitivement constituées qu'après la souscription de la totalité du capital social et le versement, par chaque actionnaire, du quart au moins du montant des actions par lui souscrites.

Cette souscription et ces versements seront constatés par une déclaration du gérant dans un acte notarié.

A cette déclaration sont annexés la liste des souscripteurs, l'état des versements effectués, l'un des doubles de l'acte de société, s'il est sous seing privé, et une expédition, s'il est notarié et s'il a été passé devant un notaire autre que celui qui a reçu la déclaration.

L'acte sous seing privé, quel que soit le nombre des associés, sera fait en double original, dont l'un sera annexé, comme il est dit au paragraphe qui précède, à la déclaration de souscription du capital et de versement du quart, et l'autre restera déposé au siége social.

Art. 2. *Négociation des actions.* — Les actions ou coupons d'actions sont négociables après le versement du quart.

Art. 3. *Condition de conversion au porteur.* — Il peut être stipulé, mais seulement par les statuts constitutifs de la société, que les actions ou coupons d'actions pourront, après avoir été libérés de moitié, être convertis en actions au porteur par délibération de l'assemblée générale.

Soit que les actions restent nominatives après cette délibération, soit qu'elles aient été converties en actions au porteur, les souscripteurs primitifs qui ont aliéné les actions et ceux auxquels il les ont cédées avant le versement de moitié restent tenus au payement du montant de leurs actions pendant un délai de deux ans, à partir de la délibération de l'assemblée générale.

Art. 4. *Evaluation des apports non faits en numéraire.* — Lorsqu'un associé fait un apport qui ne consiste pas en numéraire, ou stipule à son profit des avantages particuliers, la première assemblée générale fait apprécier la valeur de l'apport ou la cause des avantages stipulés.

La société n'est définitivement constituée qu'après l'approbation de l'apport ou des avantages, donnée par une autre assemblée générale, après une nouvelle convocation.

La seconde assemblée générale ne pourra statuer sur l'approbation de l'apport ou des avantages qu'après un rapport qui sera imprimé et tenu à la disposition des actionnaires, cinq jours au moins avant la réunion de cette assemblée.

Les délibérations sont prises par la majorité des actionnaires présents. Cette majorité doit comprendre le quart des actionnaires et représenter le quart du capital social en numéraire.

Les associés qui ont fait l'apport ou stipulé des avantages particuliers soumis à l'appréciation de l'assemblée n'ont pas voix délibérative.

A défaut d'approbation, la société reste sans effet à l'égard de toutes les parties.

L'approbation ne fait pas obstacle à l'exercice ultérieur de l'action qui peut être intentée pour cause de dol ou de fraude.

Les dispositions du présent article relatives à la vérification de l'apport qui ne consiste pas en numéraire ne sont pas applicables au cas où la société à laquelle est fait ledit apport est formée entre ceux seulement qui en étaient propriétaires par indivis.

Art. 5. *Conseil de surveillance.*— Un conseil de surveillance composé de trois actionnaires au moins, est établi dans chaque société en commandite par actions.

Ce conseil est nommé par l'assemblée générale des actionnaires immédiatement après la constitution définitive de la société et avant toute opération sociale.

Il est soumis à la réélection aux époques et suivant les conditions déterminées par les statuts.

Toutefois, le premier conseil n'est nommé que pour une année.

Art. 6. *Vérifications à faire par le conseil.* — Ce premier conseil doit, immédiatement après sa nomination, vérifier si toutes les dispositions contenues dans les articles qui précèdent ont été observées.

Art. 7. *Cas de nullité de la société.* — Est nulle et de nul effet à l'égard des intéressés toute société en commandite par actions constituée contrairement aux prescriptions des articles 1er, 2, 3, 4 et 5 de la présente loi.

Cette nullité ne peut être opposée aux tiers par les associés.

Art. 8. *Responsabilité en cas de nullité.* — Lorsque la société est annulée, aux termes de l'article précédent, les membres du premier conseil de surveillance peuvent être déclarés responsables, avec le gérant, du dommage résultant, pour la société ou pour les tiers, de l'annulation de la société.

La même responsabilité peut être prononcée contre ceux des associés dont les apports ou les avantages n'auraient pas été vérifiés et approuvés conformément à l'article 4 ci-dessus.

Art. 9. *Responsabilité relative aux actes de gestion.* — Les membres du conseil de surveillance n'encourent aucune responsabilité en raison des actes de la gestion et de leurs résultats.

Chaque membre du conseil de surveillance est responsable de ses fautes personnelles, dans l'exécution de son mandat, conformément aux règles de droit commun.

Art. 10. *Attributions du conseil de surveillance.* — Les membres du conseil de surveillance vérifient les livres, la caisse, le portefeuille et les valeurs de la société.

Ils font, chaque année, à l'assemblée générale, un rapport dans lequel ils doivent signaler les irrégularités et inexactitudes qu'ils ont reconnues dans les inventaires, et constater, s'il y a lieu les motifs qui s'opposent aux distributions des dividendes proposés par le gérant.

Aucune répétition de dividendes ne peut être exercée contre les actionnaires, si ce n'est dans le cas où la distribution en aura été faite en l'absence de tout inventaire ou en dehors des résultats constatés par l'inventaire.

L'action en répétition, dans le cas où elle est ouverte, se prescrit par cinq ans, à partir du jour fixé pour la distribution des dividendes.

Les prescriptions commencées à l'époque de la promulgation de la présente loi, et pour lesquelles il faudrait encore, suivant les lois anciennes, plus de cinq ans, à partir de la même époque, seront accomplies par ce laps de temps.

Art. 11. *Convocation d'assemblée générale.* — Le conseil de surveillance peut convoquer l'assemblée générale et, conformément à son avis, provoquer la dissolution de la société.

Art. 12. *Communication aux actionnaires de l'inventaire, bilan et rapports.* — Quinze jours au moins avant la réunion de l'assemblée générale, tout actionnaire peut prendre par lui ou par un fondé de pouvoir, au siége social, communication du bilan, des inventaires et du rapport du conseil de surveillance.

Art. 13. *Emissions. — Contraventions. — Fraudes. — Amende.* — L'émission d'actions ou de coupons d'actions d'une société constituée contrairement aux prescriptions des articles 1er, 2 et 3 de la présente loi, est punie d'une amende de cinq cents à dix mille francs.

Sont punis de la même peine :

Le gérant qui commence les opérations sociales avant l'entrée en fonctions du conseil de surveillance ;

Ceux qui, en se présentant comme propriétaires d'actions ou de coupons d'actions qui ne leur appartiennent pas, ont créé frauduleusement une majorité factice dans une assemblée générale, sans préjudice de tous dommages-intérêts, s'il y a lieu, envers la société ou envers les tiers ;

Ceux qui ont remis les actions pour en faire l'usage frauduleux.

Dans les cas prévus par les deux paragraphes précédents, la peine de l'emprisonnement de quinze jours à six mois peut, en outre, être prononcée.

Art. 14. *Négociation. — Publication. — Contraventions.* — La négociation d'action ou de coupons d'actions dont la valeur ou la forme serait contraire aux dispositions des articles 1er, 2 et 3 de la présente loi, ou pour lesquels le versement du quart n'aurait pas été effectué conformément à l'article 2 ci-dessus, est punie d'une amende de cinq cents à dix mille francs.

Sont punies de la même peine toute participation à ces négociations et toute publication de la valeur desdites actions.

Art. 15. *Peines correctionnelles ou criminelles.* — Sont punis des peines portées par l'article 405 du Code pénal, sans préjudice de l'application de cet article à tous les faits constitutifs du délit d'escroquerie :

1° Ceux qui, par simulation de souscriptions ou de versements ou par publication, faite de mauvaise foi, de souscriptions ou de versements qui n'existaient pas, ou de tous autres faits faux, ont obtenu ou tenté d'obtenir des souscriptions ou des versements ;

2° Ceux qui, pour provoquer des souscriptions ou des versements, ont, de mauvaise foi, publié le nom de personnes désignées, contrairement à la vérité, comme étant ou devant être attachées à la société à un titre quelconque ;

3° Les gérants qui, en l'absence d'inventaires ou au moyen d'inventaires frauduleux, ont opéré entre les actionnaires la répartition de dividendes fictifs.

Les membres du conseil de surveillance ne sont pas civilement responsables des délits commis par le gérant.

Art. 16. *Application de l'article 463 du Code pénal.* —

L'article 463 du Code pénal est applicable aux faits prévus par les trois articles qui précèdent.

Art. 17. *Action en justice collective ou individuelle contre les gérants.* — Des actionnaires représentant le vingtième au moins du capital social peuvent, dans un intérêt commun, charger à leurs frais un ou plusieurs mandataires de soutenir, tant en demandant qu'en défendant, une action contre les gérants ou contre les membres du conseil de surveillance, et de les représenter, en ce cas, en justice, sans préjudice de l'action que chaque actionnaire peut intenter individuellement en son nom personnel.

Art. 18. *Sociétés antérieures à la loi du 17 juillet 1856. — Conseil de surveillance.* — Les sociétés antérieures à la loi du 17 juillet 1856, et qui ne se seraient pas conformées à l'article 15 de cette loi, seront tenues, dans un délai de six mois, de constituer un conseil de surveillance, conformément aux dispositions qui précèdent.

A défaut de constitution du conseil de surveillance dans le délai ci-dessus fixé, chaque actionnaire a le droit de faire prononcer la dissolution de la société.

Art. 19. *Conversion des sociétés en commandite par actions en sociétés anonymes.* — Les sociétés en commandite par actions antérieures à la présente loi, dont les statuts permettent la transformation en société anonyme autorisée par le Gouvernement, pourront se convertir en société anonyme dans les termes déterminés par le titre II de la présente loi, en se conformant aux conditions stipulées dans les statuts pour la transformation.

Art. 20. Est abrogée la loi du 17 juillet 1856.

§ 2. Des sociétés anonymes.

Art. 21. *Formation des sociétés anonymes.* — A l'avenir

les sociétés anonymes pourront se former sans l'autorisation du Gouvernement.

Elles pourront, quel que soit le nombre des associés, être formées par un acte sons-seing privé fait en double original.

Elles seront soumises aux dispositions des articles 29, 30, 32, 33, 34 et 36 du Code de commerce et aux dispositions contenues dans le présent titre.

Art. 22. *Administration.* — Les sociétés anonymes sont administrées par un ou plusieurs mandataires à temps, révocables, salariés ou gratuits, pris parmi les associés.

Ces mandataires peuvent choisir parmi eux un directeur, ou, si les statuts le permettent, se substituer un mandataire étranger à la société et dont ils sont responsables envers elle.

Art. 23. *Minimum du nombre d'associés.* — La société ne peut être constituée si le nombre des associés est inférieur à sept.

Art. 24. *Division de capital. — Négociation des actions. — Condition de la conversion au porteur. — Evaluation des apports non faits en numéraire. — Déclaration à faire par les fondateurs.* — Les dispositions des articles 1er, 2, 3 et 4 de la présente loi sont applicables aux sociétés anonymes.

La déclaration imposée au gérant par l'article 1er est faite par les fondateurs de la société anonyme ; elle est soumise, avec les pièces à l'appui, à la première assemblée générale, qui en vérifie la sincérité.

Art. 25. *Nomination des administrateurs.* — Une assemblée générale est, dans tous les cas, convoquée, à la diligence des fondateurs, postérieurement à l'acte qui constate la souscription du capital social et le versement du quart du capital, qui consiste en numéraire. Cette assemblée nomme les premiers administrateurs ; elle nomme également pour la première année, les commissaires institués par l'article 32 ci-après.

Ces administrateurs ne peuvent être nommés pour plus de six ans : ils sont rééligibles, sauf stipulation contraire.

Toutefois, ils peuvent être désignés par les statuts, avec stipulation formelle que leur nomination ne sera point soumise à l'approbation de l'assemblée générale. En ce cas, ils ne peuvent être nommés pour plus de trois ans.

Le procès-verbal de la séance constate l'acceptation des administrateurs et des commissaires présents à la réunion.

La société est constituée à partir de cette acceptation.

Art. 26. *Condition de leur nomination.* — Les administrateurs doivent être propriétaires d'un nombre d'actions déterminé par les statuts.

Ces actions sont affectées en totalité à la garantie de tous les actes de la gestion, même de ceux qui seraient exclusivement personnels à l'un des administrateurs.

Elles sont nominatives, inaliénables, frappées d'un timbre indiquant l'inaliénabilité et déposées dans la caisse sociale.

Art. 27. *Assemblée générale annuelle.* — Il est tenu, chaque année au moins, une assemblée générale à l'époque fixée par les statuts. Les statuts déterminent le nombre d'actions qu'il est nécessaire de posséder, soit à titre de propriétaire, soit à titre de mandataire, pour être admis dans l'assemblée, et le nombre de voix appartenant à chaque actionnaire, eu égard au nombre d'actions dont il est porteur.

Néanmoins, dans les assemblées générales appelées à vérifier les apports, à nommer les premiers administrateurs et à vérifier la sincérité de la déclaration des fondateurs de la société, prescrite par le deuxième paragraphe de l'article 24, tout actionnaire, quel que soit le nombre des actions dont il est porteur, peut prendre part aux délibérations avec le nombre de voix déterminé par les statuts, sans qu'il puisse être supérieur à dix.

Art. 28. *Délibérations.* — *Feuille de présence.* — Dans toutes les assemblées générales, les délibérations sont prises à la majorité des voix.

Il est tenu une feuille de présence; elle contient les noms et domicile des actionnaires et le nombre d'actions dont chacun d'eux est porteur.

Cette feuille, certifiée par le bureau de l'assemblée, est déposée au siége social et doit être communiquée à tout requérant.

Art. 29. *Délibérations. — Nombre d'actionnaires.* — Les assemblées générales qui ont à délibérer dans les cas autres que ceux qui sont prévus par les deux articles qui suivent, doivent être composées d'un nombre d'actionnaires représentant le quart au moins du capital social.

Si l'assemblée générale ne réunit pas ce nombre, une nouvelle assemblée est convoquée dans les formes et avec les délais prescrits par les statuts et elle délibère valablement quelle que soit la portion du capital représentée par les actionnaires présents.

Art. 30. *Délibérations.—Vérification d'apports.— Nomination des administrateurs, etc.— Délibération provisoire. — Nombre d'actionnaires. — Nouvelle assemblée générale. — Avis. — Résolutions définitives.* — Les assemblées qui ont à délibérer sur la vérification des apports, sur la nomination des premiers administrateurs, sur la sincérité de la déclaration faite par les fondateurs aux termes du paragraphe 2 de l'article 24, doivent être composées d'un nombre d'actionnaires représentant la moitié au moins du capital social.

Le capital social, dont la moitié doit être représentée pour la vérification de l'apport, se compose seulement des apports non soumis à la vérification.

Si l'assemblée générale ne réunit pas un nombre d'actionnaires représentant la moitié du capital social, elle ne peut prendre qu'une délibération provisoire. Dans ce cas une nouvelle assemblée générale est convoquée. Deux avis, publiés à deux jours d'intervalle, au moins un mois à l'avance, dans l'un des journaux désigné pour recevoir les annonces légales, font connaître aux actionnaires les résolutions provisoires adoptées par la première assemblée, et ces résolutions deviennent définitives si elles sont approuvées par la nouvelle assemblée, composée d'un nombre d'actionnaires représentant le cinquième au moins du capital social.

Art. 31. *Délibérations. — Modifications aux statuts. — Continuation ou dissolution de la société. — Nombre d'actionnaires.* — Les assemblées qui ont à délibérer sur des modifications aux statuts ou sur des propositions de continuation de la société au-delà des termes fixés pour sa durée, ou de dissolution avant ce terme, ne sont régulièrement constituées et ne délibèrent valablement qu'autant qu'elles sont composées d'un nombre d'actionnaires représentant la moitié au moins du capital social.

Art. 32. *Nomination de commissaires par l'assemblée générale ou par le tribunal.* — L'assemblée générale annuelle désigne un ou plusieurs commissaires, associés ou non, chargés de faire un rapport à l'assemblée générale de l'année suivante sur la situation de la société, sur le bilan et sur les comptes présentés par les administrateurs.

La délibération contenant approbation du bilan et des comptes est nulle, si elle n'a été précédée du rapport des commissaires.

A défaut de nomination des commissaires par l'assemblée générale, ou en cas d'empêchement ou de refus d'un ou de plusieurs des commissaires nommés, il est procédé à leur nomination ou à leur remplacement par ordonnance du président du tribunal de commerce du siége de la Société, à la requête de tout intéressé, les administrateurs dûment appelés.

Art. 33. *Commissaires. — Leurs droits.* — Pendant le trimestre qui précède l'époque fixée par les statuts pour la réunion de l'Assemblée générale, les commissaires ont droit, toutes les fois qu'ils le jugent convenable dans l'intérêt social, de prendre communication des livres et d'examiner les opérations de la société.

Ils peuvent toujours, en cas d'urgence, convoquer l'assemblée générale.

Art. 34. *Etat semestriel de l'actif et du passif. — Inventaire.* — Toute société anonyme doit dresser, chaque semestre, un état sommaire de sa situation active et passive.

Cet état est mis à la disposition des commissaires.

Il est, en outre, établi chaque année, conformément à l'art. 9 du Code de commerce, un inventaire contenant l'indication des valeurs mobilières et immobilières et de toutes les dettes actives et passives de la société.

L'inventaire, le bilan et le compte des profits et pertes sont mis à la disposition des commissaires le quarantième jour, au plus tard, avant l'assemblée générale. Ils sont présentés à cette assemblée.

Art. 35. *Droit de communication aux actionnaires.* — Quinze jours au moins avant la réunion de l'assemblée générale, tout actionnaire peut prendre, au siége social, communication de l'inventaire et de la liste des actionnaires, et se faire délivrer copie du bilan résumant l'inventaire et du rapport des commissaires.

Art. 36. *Fonds de réserve.* — Il est fait annuellement, sur les bénéfices nets, un prélèvement d'un vingtième au moins, affecté à la formation d'un fonds de réserve.

Ce prélèvement cesse d'être obligatoire lorsque le fonds de réserve a atteint le dixième du capital social.

Art. 37. *Perte des trois quarts du capital. — Assemblée générale.* — En cas de perte des trois quarts du capital social, les administrateurs sont tenus de provoquer la réunion de l'assemblée générale de tous les actionnaires, à l'effet de statuer sur la question de savoir s'il y a lieu de prononcer la dissolution de la société.

La résolution de l'assemblée est, dans tout les cas, rendue publique.

A défaut par les administrateurs de réunir l'assemblée générale, comme dans le cas où cette assemblée n'aurait pu se constituer régulièrement, tout intéressé peut demander la dissolution de la société devant les tribunaux.

Art. 38. *Dissolution.* — La dissolution peut être prononcée sur la demande de toute partie intéressée, lorsqu'un an s'est écoulé depuis l'époque où le nombre des associés est réduit à moins de sept.

Art. 39. *Action en jouissance collective ou individuelle contre les gérants.* — L'article 17 est applicable aux sociétés anonymes.

Art. 40. *Marchés passés avec la société.* — Il est interdit aux administrateurs de prendre ou de conserver un intérêt direct ou indirect dans une entreprise ou dans un marché fait avec la société ou pour son compte, à moins qu'ils n'y soient autorisés par l'assemblée générale.

Il est, chaque année, rendu à l'assemblée générale un compte spécial de l'exécution des marchés ou entreprises par elle autorisés, aux termes du paragraphe précédent.

Art. 41. *Nullité de la société à l'égard des intéressés.* — Est nulle et de nul effet à l'égard des intéressés toute société anonyme pour laquelle n'ont pas été observées les dispositions des articles 22, 23, 24 et 25 ci-dessus.

Art. 42. *Nullité prononcée. — Responsabilité solidaire des fondateurs et des administrateurs.* — Lorsque la nullité de la société ou des actes et délibérations a été prononcée aux termes de l'article précédent, les fondateurs auxquels la nullité est imputable et les administrateurs en fonctions au moment où elle a été encourue, sont responsables solidairement envers les tiers sans préjudice des droits des actionnaires.

La même responsabilité solidaire peut être prononcée contre ceux des associés dont les apports ou les avantages n'auraient pas été vérifiés et approuvés conformément à l'article 24.

Art. 43. *Responsabilité des commissaires.* — L'étendue et les effets de la responsabilité des commissaires envers la société sont déterminés d'après les règles générales du mandat.

Art. 44. *Responsabilité individuelle en cas d'infraction à la loi et pour faute de gestion.* — Les administrateurs sont responsables, conformément aux règles du droit commun, individuellement ou solidairement suivant les cas, envers la société ou envers les tiers, soit des infractions aux dispositions de la présente loi, soit des fautes qu'ils auraient commises dans leur gestion, notamment en distribuant ou en laissant distribuer sans opposition des dividendes fictifs.

Art. 45. *Pénalités en cas d'infraction aux articles* 13, 14, 15 *et* 16. — Les dispositions des articles 13, 14, 15 et 16 de la présente loi sont applicables en matière de sociétés anonymes, sans distinction entre celles qui sont actuellement existantes et celles qui se constitueront sous l'empire de la présente loi. Les administrateurs qui, en l'absence d'inventaire ou au moyen d'inventaires frauduleux, auront opéré des dividendes fictifs, seront punis de la peine qui est prononcée dans ce cas par le n° 3 de l'article 15 contre les gérants des sociétés en commandite.

Sont également applicables en matière de sociétés anonymes les dispositions des trois derniers paragraphes de l'article 10.

Art. 46. *Sociétés antérieures à la présente loi.* — Les sociétés anonymes actuellement existantes continueront à être soumises, pendant toute leur durée, aux dispositions qui les régissent.

Elles pourront se transformer en sociétés anonymes dans les termes de la présente loi, en obtenant l'autorisation du Gouvernement et en observant les formes prescrites pour la modification de leurs statuts.

Art. 47. *Sociétés à responsabilité limitée. — Transformation.* — Les sociétés à responsabilité limitée pourront se convertir en sociétés anonymes dans les termes de la présente loi, en se conformant aux conditions stipulées pour la modification de leurs statuts.

Sont abrogés les articles 31, 37 et 40 du Code de commerce et la loi du 23 mai 1863, sur sociétés à responsabilité limitée.

§ 3. Des sociétés à capital variable.

Art. 48. *Augmentation ou diminution du capital.* — Il peut être stipulé, dans les statuts de toute société, que le capital social sera susceptible d'augmentation par des versements successifs faits par les associés ou l'admission d'associés nouveaux, et de diminution par la reprise totale ou partielle des apports effectués.

Le sociétés dont les statuts contiendront la stipulation ci-dessus seront soumises, indépendamment des règles générales qui leur sont propres suivant leur forme spéciale, aux dispositions des articles suivants.

Art. 49. *Maximum du capital social statutaire.* — Le capital social ne pourra être porté par les statuts constitutifs de la société au-dessus de la somme de deux cent mille francs.

Il pourra être augmenté par des délibérations de l'Assemblée générale, prises d'année en année; chacune des augmentations ne pourra être supérieure à deux cent mille francs.

Art. 50. *Actions nominatives. — Négociations.* — Les actions ou coupons d'actions seront nominatifs, même après leur entière libération; ils ne pourront être inférieurs à cinquante francs.

Ils ne seront négociables qu'après la constitution définitive de la société.

La négociation ne pourra avoir lieu que par voie de transfert sur les registres de la société, et les statuts pourront donner, soit au conseil d'administration, soit à l'assemblée générale, le droit de s'opposer au transfert.

Art. 51. *Minimum de réduction du capital social.* — Les statuts détermineront une somme au-dessous de laquelle le capital ne pourra être réduit par les reprises des apports autorisés par l'article 48.

Cette somme ne pourra être inférieure au dixième du capital social.

La société ne sera définitivement constituée qu'après le versement du dixième.

Art. 52. *Retraite des associés.* — Chaque associé pourra se retirer de la société lorsqu'il le jugera convenable, à moins de conventions contraires et sauf l'application du paragraphe 1er de l'article précédent.

Il pourra être stipulé que l'assemblée générale aura le droit de décider, à la majorité fixée pour la modification des statuts, que l'un ou plusieurs des associés cesseront de faire partie de la société.

L'associé qui cessera de faire partie de la Société, soit par l'effet de sa volonté, soit pas suite de décision de l'assemblée générale, restera tenu, pendant cinq ans, envers les associés et envers les tiers, de toutes les obligations existant au moment de sa retraite.

Art. 53. *Représentation de la société en justice.* — La société, quelle que soit sa forme, sera valablement représentée en justice par ses administrateurs.

Art. 54. *Retraite d'associé. — Continuation de la société.* — La société ne sera point dissoute par la mort, la retraite, l'interdiction, la faillite ou la déconfiture de l'un des associés; elle continuera de plein droit entre les autres associés.

§ 4. De la publication des actes de la société.

Art. 55. *Dépôt aux greffes des actes constitutifs et de leurs annexes.* — Dans le mois de la constitution de toute société commerciale, un double de l'acte constitutif, s'il est sous-seing privé, ou une expédition, s'il est notarié, est déposé aux greffes de la justice de paix et du tribunal de commerce du lieu dans lequel est établie la société.

A l'acte constitutif des sociétés en commandite par actions et des sociétés anonymes sont annexées : 1° une expédition de l'acte notarié constatant la souscription du capital social et le versement du quart; 2° une copie certifiée des délibérations prises par l'assemblée générale dans les cas prévus par les articles 4 et 24.

En outre, lorsque la société est anonyme, on doit annexer à l'acte constitutif la liste nominative, dûment certifiée, des souscripteurs, contenant les nom, prénoms, qualités, demeure et le nombre d'actions de chacun d'eux.

Art. 56. *Publication dans les journaux des extraits des actes.* — Dans le même délai d'un mois, un extrait de l'acte constitutif et des pièces annexées est publié dans l'un des journaux désignés pour recevoir les annonces légales.

Il sera justifié de l'insertion par un exemplaire du journal certifié par l'imprimeur, légalisé par le maire et enregistré dans les trois mois de sa date.

Les formalités prescrites par l'article précédent et par le présent article seront observées, à peine de nullité, à l'égard des intéressés; mais le défaut d'aucune d'elles ne pourra être opposé aux tiers par les associés.

Art. 57. *Contenu des extraits.* — L'extrait doit contenir les noms des associés autres que les actionnaires ou commanditaires; la raison de commerce ou la dénomination adoptée par la société et l'indication du siége social; la désignation des associés autorisés à gérer, administrer et signer pour la société; le montant du capital social et le montant des valeurs fournies ou à fournir par les actionnaires ou commanditaires; l'époque où la société commence, celle où elle doit finir, et la date du dépôt fait aux greffes de la justice de paix et du tribunal de commerce.

Art. 58. *Contenu des extraits.* — L'extrait doit énoncer que la société est en nom collectif ou en commandite simple, ou en commandite par actions, ou anonyme, ou à capital variable.

Si la société est anonyme, l'extrait doit énoncer le montant du capital social en numéraires et en autres objets, la quotité à prélever sur les bénéfices pour composer le fonds de réserve.

Enfin, si la société est à capital variable, l'extrait doit contenir l'indication de la somme au dessous de laquelle le capital social ne peut être réduit.

Art. 59. *Dépôt et publicité dans divers arrondissements.* — Si la société a plusieurs maisons de commerce situées dans divers arrondissements, le dépôt prescrit par l'article 55 et la publication prescrite par l'art. 56 ont lieu dans chacun des arrondissements où existent les maisons de commerce.

Dans les villes divisées en plusieurs arrondissements, le dépôt sera fait seulement au greffe de la justice de paix du principal établissement.

Art. 60. *Signature des extraits déposés.* — L'extrait des actes et pièces déposés est signé, pour les actes publics, par le notaire, et pour les actes sous seing-privé, par les associés, en nom collectif, par les gérants des sociétés en commandite ou par les administrateurs des sociétés anonymes.

Art. 61. *Modification des statuts. — Délibérations diverses. — Dépôt et publicité.* — Sont soumis aux formalités et aux pénalités prescrites par les articles 55 et 56 :

Tous actes et délibérations ayant pour objet la modification des statuts, la continuation de la société au-delà du terme fixé pour sa durée, la dissolution avant ce terme et le mode de liquidation, tout changement ou retraite d'associés et tout changement à la raison sociale.

Sont également soumises aux dispositions des articles 55 et 56 les délibérations prises dans les cas prévus par les articles 19, 37, 46, 47 et 49 ci-dessus.

Art. 62. *Actes non soumis au dépôt et à la publicité.* — Ne sont pas assujettis aux formalités de dépôt et de publication les actes constatant les augmentations ou les diminutions du capital social opérées dans les termes de l'article 48, ou les retraites d'associés, autres que les gérants ou administrateurs, qui auraient lieu conformément à l'article 52.

Art. 63. *Communications aux tiers de pièces relatives à des sociétés en commandite par actions ou à des sociétés anonymes. — Affichage dans les bureaux des sociétés des pièces déposées. — Délivrance d'expéditions d'actes et de copies de statuts.* — Lorsqu'il s'agit d'une société en commandite par actions ou d'une société anonyme, toute personne a le droit de prendre communication des pièces déposées aux greffes de la justice de paix et du tribunal de commerce, ou même de s'en faire délivrer à ses frais expédition ou extrait par le greffier ou par le notaire détenteur de la minute.

Toute personne peut également exiger qu'il lui soit délivré au siége de la société une copie certifiée des statuts, moyennant payement d'une somme qui ne pourra excéder un franc.

Enfin, les pièces déposées doivent être affichés d'une manière apparente dans les bureaux de la société.

Art. 64. *Dénomination sociale à indiquer sur documents imprimés ou autographiés.* — Dans tous les actes, factures, annonces, publications et autres documents *imprimés* ou *autographiés*, émanés des sociétés anonymes ou des sociétés en commandite par actions, la dénomination sociale doit toujours être précédée ou suivie immédiatement de ces mots, écrits lisiblement en toutes lettres : *Société anonyme*, ou *Société en commandite par actions*, et de l'énonciation du montant du capital social.

Si la société a usé de la faculté accordée par l'article 48, cette circonstance doit être mentionnée par l'addition de ces mots : *à capital variable.*

Toute contravention aux dispositions qui précèdent est punie d'une amende de cinquante francs à mille francs.

Art. 65. Sont abrogées les dispositions des articles 42, 43, 44, 45 et 46 du Code de commerce.

§ 5. Des tontines et des sociétés d'assurances.

Art. 66. *Assurances sur la vie et tontines. — Autorisation et surveillance du Gouvernement.* — Les associations de la nature des tontines et les sociétés d'assurance sur la vie, mutuelles ou à primes, restent soumises à l'autorisation et à la surveillance du Gouvernement.

Les autres sociétés d'assurances pourront se former sans autorisation. Un règlement d'administration publique déterminera les conditions sous lesquelles elles pourront être constituées.

Art. 67. *Assurances autres que celles sur la vie. — Sans autorisation du Gouvernement.* — Les sociétés d'assurances désignées dans le paragraphe 2 de l'article précédent, qui existent actuellement, pourront se placer sous le régime qui sera établi par le règlement d'administration publique, sans l'autorisation du Gouvernement, en observant les formes et les conditions prescrites pour la modification de leurs statuts.

DÉCRET DU 22 JANVIER 1868

Portant règlement d'administration publique sur la constitution des sociétés d'assurances.

TITRE Ier.

DES SOCIÉTÉS ANONYMES D'ASSURANCES A PRIMES

Art. 1er. Les sociétés anonymes d'assurances à primes sont soumises aux dispositions des lois relatives à cette forme de société et, en outre, aux conditions ci-après déterminées.

Elles ne peuvent user des dispositions du titre III de la loi du 24 juillet 1867, particulières aux sociétés à capital variable.

2. La société n'est valablement constituée qu'après le versement d'un capital de garantie qui ne pourra, en aucun cas et alors même que le capital social est moindre de deux cent mille francs, être inférieur à cinquante mille francs.

3. L'article 3 de la loi du 24 juillet 1867, relatif à la conversion des actions en actions au porteur, n'est applicable aux sociétés d'assurances à primes que si le fond de réserve est égal au moins à la partie du capital social non encore versée, et s'il a été intégralement constitué.

4. La société est tenue de faire annuellement un prélèvement d'au moins vingt pour cent sur les bénéfices nets pour former un fonds de réserve. Ce prélèvement devient facultatif lorsque le fonds de réserve est égal au cinquième du capital.

5. Les fonds de la société, à l'exception des sommes nécessaires aux besoins du service courant, doivent être employés en acquisitions d'immeubles, en rentes sur l'État, bons du trésor ou autres valeurs créées ou garanties par l'État, en actions de la banque de France, en obligations des départements et des communes, du Crédit foncier de France ou des compagnies françaises des chemins de fer qui ont un minimum d'intérêt garanti par l'État.

6. Toute police doit faire connaître :

1° Le montant du capital social ;

2° La portion de ce capital déjà versée ou appelée, et, s'il y a lieu, la délibération par laquelle les actions auraient été converties en actions au porteur.

3° Le maximum que la compagnie peut, aux termes de ses statuts, assurer sur un seul risque, sans réassurance ;

4° Et, dans le cas où un même capital couvrirait, aux termes des statuts, des risques de nature différente, le montant de ce capital et l'énumération de tous ces risques.

7. Tout assuré peut, par lui ou par un fondé de pouvoirs, prendre à toute époque, soit au siége social, soit dans les agences établies par la société, communication du dernier inventaire.

Il peut également exiger qu'il lui en soit délivré une copie certifiée, moyennant le payement d'une somme qui ne peut excéder un franc.

TITRE II.

DES SOCIÉTÉS D'ASSURANCES MUTUELLES.

§ 1. De la constitution des sociétés et de leur objet.

8. Les sociétés d'assurances mutuelles peuvent se former soit par un acte authentique, soit par un acte sous-seing privé fait en double original, quel que soit le nombre des signataires à l'acte.

9. Les projets de statuts doivent :

1° Indiquer l'objet, la durée, le siége, la dénomination de la société et la circonscription territoriale de ses opérations ;

2° Comprendre le tableau de classification des risques, les tarifs applicables à chacun d'eux, et déterminer les formes suivant lesquelles ce tableau et ces tarifs peuvent être modifiés ;

3° Fixer le nombre d'adhérents et le minimum de valeurs assurées au-dessous desquels la société ne peut être valablement constituée, ainsi que la somme à valoir sur la contribution de la première année, qui devra être versée avant la constitution de la société.

10. Le texte entier des projets des statuts doit être inscrit sur toute liste destinée à recevoir les adhésions.

11. Lorsque les conditions ci-dessus ont été remplies, les signataires de l'acte primitif ou leurs fondés de pouvoir le constatent par une déclaration devant notaire.

A cette déclaration sont annexés :

1° La liste nominative dûment certifiée des adhérents, contenant leurs noms, prénoms, qualités et domiciles, et le montant des valeurs assurées par chacun d'eux ;

2° L'un des doubles de l'acte de société, s'il est sous seing privé, ou une expédition, s'il est notarié et s'il a été passé devant un notaire autre que celui qui reçoit la déclaration ;

3° L'état des versements effectués.

12. La première assemblée générale, qui est convoquée à la diligence des signataires de l'acte primitif, vérifie la sincérité de la déclaration mentionnée aux articles précédents ; elle nomme les membres du conseil d'administration ; elle nomme également, pour la première année, les commissaires institués par l'article 21 ci-après.

Les membres du conseil d'administration ne peuvent être nommés pour plus de six ans ; ils sont rééligibles, sauf stipulation contraire. Toutefois, ils peuvent être désignés par les statuts, avec stipulation formelle que leur nomination ne sera pas soumise à l'assemblée générale ; en ce cas ils ne peuvent être nommés pour plus de trois ans.

Le procès-verbal de la séance constate l'acceptation des membres du conseil d'administration et des commissaires présents à la réunion.

La société n'est définitivement constituée qu'à partir de cette acception.

13. Le compte des frais de premier établissement est apuré par le conseil d'administration et soumis à l'assemblée générale, qui l'arrête définitivement et détermine le mode et l'époque du remboursement.

§ 2. Administration des sociétés.

14. L'administration peut être confiée à un conseil d'administration dont les statuts déterminent les pouvoirs. Les membres de ce conseil peuvent choisir parmi eux un directeur, ou, si les

statuts le permettent, se substituer un mandataire étranger à la société et dont ils sont responsables envers elle.

L'administration peut également être confiée par les statuts à un directeur nommé par l'assemblée générale et assisté d'un conseil d'administration. Les statuts déterminent, dans ce cas, les attributions respectives du directeur et du conseil.

15. Les membres du conseil d'administration doivent être pris parmi les sociétaires ayant la somme de valeurs assurées déterminée par les statuts.

16. Il est tenu chaque année au moins une assemblée générale, à l'époque fixée par les statuts.

Les statuts déterminent soit le minimum de valeurs assurées nécessaire pour être admis à l'assemblée, soit le nombre des plus forts assurés qui doivent la composer; ils règlent également le mode suivant lequel les sociétaires peuvent s'y faire représenter.

17. Dans toutes les assemblées générales, il est tenu une feuille de présence. Elle contient les noms et domiciles des membres présents.

Cette feuille, certifiée par le bureau de l'Assemblée et déposée au siége social, doit être communiquée à tout requérant.

18. L'Assemblée générale ne peut délibérer valablement que si elle réunit le quart au moins des membres ayant le droit d'y assister; si elle ne réunit pas ce nombre, une nouvelle assemblée est convoquée dans les formes et avec les délais prescrits par les statuts, et elle délibère valablement, quel que soit le nombre des membres présents ou représentés.

19. L'assemblée générale qui doit délibérer sur la nomination des membres du premier conseil d'administration et sur la sincérité de la déclaration faite, aux termes de l'article 11, par les signataires de l'acte primitif, doit être composée de la moitié au moins des membres ayant le droit d'y assiter.

Si l'assemblée générale ne réunit pas le nombre ci-dessus, elle ne peut prendre qu'une délibération provisoire ; dans ce cas, une nouvelle assemblée générale est convoquée. Deux avis, publiés à huit jours d'intervalle, au moins un mois à l'avance, dans l'un des journaux désignés pour recevoir les annonces légales, font connaître aux sociétaires les résolutions provisoires adoptées par la première assemblée, et ces résolutions deviennent définitives si elles sont approuvées par la nouvelle assemblée, composée du cinquième au moins des sociétaires ayant le droit d'y assister.

20. Les assemblées qui ont à délibérer sur des modifications aux statuts ou sur les propositions de continuation de la société au-delà du terme fixé pour sa durée, ou de dissolution avant ce terme, ne sont régulièrement constituées et ne délibèrent valablement qu'autant qu'elles sont composées de la moitié au moins des sociétaires ayant le droit d'y assister.

Toute modification de statuts est portée à la connaissance des sociétaires dans le premier récépissé de cotisation qui leur est délivré.

21. L'assemblée générale annuelle désigne un ou plusieurs commissaires, sociétaires ou non, chargés de faire un rapport à l'assemblée générale de l'année suivante sur la situation de la société, sur le bilan et sur les comptes présentés par l'administration.

La délibération contenant approbation du bilan et des comptes est nulle si elle n'a été précédée du rapport des commissaires.

A défaut de nomination des commissaires par l'assemblée générale, ou en cas d'empêchement ou de refus d'un ou de plusieurs d'entre eux, il est précédé à leur nomination ou à leur remplacement par ordonnance du président du tribunal de première instance du siége de la société, à la requête de tout intéressé, les membres du conseil d'administration dûment appelés.

22. Pendant le trimestre qui précède l'époque fixée par les statuts pour la réunion de l'assemblée générale, les commissai-

res ont droit, toutes les fois qu'ils le jugent convenable dans l'intérêt de la société, de prendre communication des livres et d'examiner les opérations de la société. Ils peuvent toujours, en cas d'urgence, convoquer l'assemblée générale.

23. Toute société doit dresser chaque semestre un état sommaire de sa situation active et passive.

Cet état est mis à la disposition des commissaires.

Il est, en outre, établi chaque année un inventaire ainsi qu'un compte détaillé des recettes et dépenses de l'année précédente et du montant des sinistres.

Ces divers documents sont mis à la disposition des commissaires le quarantième jour au plus tard avant l'assemblée générale. Ils sont présentés à cette assemblée.

L'inventaire et le compte détaillé sont également adressés au ministre de l'agriculture, du commerce et des travaux publics.

24. Quinze jours au moins avant la réunion de l'assemblée générale, tout sociétaire peut prendre par lui ou par un fondé de pouvoir, au siége social, communication de l'inventaire et de la liste des membres composant l'assemblée générale, et se faire délivrer copie de ces documents.

§ 3. De la formation de l'engagement social.

25. Les statuts déterminent le mode et les conditions générales suivant lesquels sont contractés les engagements entre la société et les sociétaires. Toutefois, les sociétaires auront, indépendamment de toute disposition statuaire, le droit de se retirer tous les cinq ans, en prévenant la société six mois d'avance dans la forme indiquée ci-après. Ce droit sera réciproque au profit de la société.

Dans tous les cas où un sociétaire a le droit de demander la résiliation, il peut le faire soit par une déclaration au siége social ou chez l'agent local, dont il lui sera donné récépissé, soit par acte extrajudiciaire, soit par tout autre moyen indiqué dans les statuts.

Les statuts indiquent spécialement le mode suivant lequel se fait l'estimation des valeurs assurées, les conditions réciproques de prorogation ou de résiliation des contrats et les circonstances qui font cesser les effets desdits contrats.

26. Toute modification des statuts relative à la nature des risques garantis et au périmètre de la circonscription territoriale donne de plein droit à chaque sociétaire la faculté de résilier son engagement.

Cette faculté doit être exercée par lui dans un délai de trois mois, à dater de la notification qui lui aura été faite, conformément à l'article 20.

27. Les statuts ne peuvent défendre aux sociétaires de se faire réassurer ou assurer à une autre compagnie. Ils peuvent seulement stipuler que la société sera immédiatement informée et aura le droit de notifier la résiliation du contrat.

28. Les polices remises aux assurés doivent contenir les conditions spéciales de l'engagement, sa durée, ainsi que les clauses de résiliation et de tacite reconduction, s'il en existe dans les statuts.

La police constate, en outre, la remise d'un exemplaire contenant le texte entier des statuts.

§ 4. Des charges sociales.

29. Les tarifs annexés aux statuts fixent, par degrés de risques, le maximum de la contribution annuelle dont chaque sociétaire est passible pour le payement des sinistres.

Ce maximum constitue le fonds de garantie.

Les statuts peuvent décider que chaque sociétaire sera tenu de verser d'avance une portion de la contribution sociale pour former un fonds de prévoyance. Le montant de ce versement dont le maximum est fixé dans les statuts, sera déterminé chaque année par l'assemblée générale.

30. Si les statuts le stipulent ainsi, les indications du tableau de classification ne font pas obstacle à ce que le conseil d'administration demeure juge soit de l'application de la classification à tout risque proposé à l'assurance, soit même de l'admissibilité de ce risque.

31. Les statuts déterminent également le maximum de la contribution annuelle qui peut être exigée de chaque sociétaire pour frais de gestion de la société.

La quotité de cette contribution est fixée tous les cinq ans au moins par l'assemblée générale.

Il peut être décidé, soit par les statuts, soit par l'assemblée générale, qu'une somme fixe ou proportionnelle est allouée par traité à forfait à la direction. Ce traité est révisé tous les cinq ans au moins.

L'acte qui l'autorise ou l'approuve détermine en même temps, d'une manière précise, quels sont les frais auxquels la somme allouée a pour objet de pourvoir.

32. Il peut être formé, dans chaque société d'assurances mutuelles, un fonds de réserve ayant pour objet de donner à la société les moyens de suppléer à l'insuffisance de la cotisation annuelle pour le payement des sinistres.

Le montant du fonds de réserve est fixé tous les cinq ans par l'assemblée générale, nonobstant toute stipulation contraire insérée dans les statuts.

Le mode de formation et l'emploi de ce fonds sont déterminés par les statuts, sauf application des dispositions suivantes :

Dans aucun cas, le prélèvement sur le fonds de réserve ne peut excéder la moitié de ce fonds pour un seul exercice.

En cas de dissolution de la société, l'emploi du reliquat du fonds de réserve est réglé par l'assemblée générale, sur la proposition des membres du conseil d'administration, et soumis à l'approbation du ministre de l'agriculture, du commerce et des travaux publics.

33. Les fonds de la société doivent être placés en rentes sur l'Etat, bons du trésor ou autres valeurs créées ou garanties par l'Etat, en actions de la banque de France, en obligations des départements et des communes, du crédit foncier de France ou des compagnies françaises de chemins de fer qui ont un minimum d'intérêt garanti par l'Etat.

Ces valeurs sont immatriculées au nom de la société.

§ 5. Déclaration, estimation et payement des sinistres.

34. Les statuts déterminent le mode et les conditions de la déclaration à faire en cas de sinistre par les sociétaires pour le règlement des indemnités qui peuvent leur être dues.

35. L'estimation des sinistres est faite par un agent de la société ou tout autre expert désigné par elle, contradictoirement avec le sociétaire ou avec un expert choisi par lui; en cas de dissidence, il en est référé à un tiers expert désigné, à défaut d'accord entre les parties, par le président du tribunal de première instance de l'arrondissement, ou, si les statuts l'ont ainsi décidé, par le juge de paix du canton où le sinistre a eu lieu.

36. Dans les trois mois qui suivent l'expiration de chaque année, il est fait un réglement général des sinistres à la charge de l'année, et chaque ayant droit reçoit, s'il y a lieu, le solde de l'indemnité réglée à son profit.

37. En cas d'insuffisance du fonds de garantie et de la part du fonds de réserve déterminé par les statuts, l'indemnité de chaque ayant droit est diminuée au centime le franc.

§ 6. Dispositions relatives à la publication des actes de société.

38. Dans le mois de la constitution de toute société d'assurances mutuelles, une expédition de l'acte notarié et de ses annexes est déposée au greffe de la justice de paix et, s'il en existe, du tribunal civil du lieu où est établie la société.

A cette expédition est annexée une copie certifiée des délibérations prises par l'assemblée générale, dans les cas prévus par l'article 12.

39. Dans le même délai d'un mois, un extrait de l'acte constitutif et des pièces annexées est publié dans l'un des journaux désignés pour recevoir les annonces légales. Il sera justifié de l'insertion par un exemplaire du journal certifié par l'imprimeur, légalisé par le maire et enregistré dans les trois mois de sa date.

40. L'extrait doit contenir la dénomination adoptée par la société et l'indication du siége social, la désignation des personnes autorisées à gérer, administrer et signer pour la société, le nombre d'adhérents et le minimum de valeurs assurées au-dessous desquels la société ne pouvait être valablement constituée, l'époque où la société a commencé, celle où elle doit finir et la date du dépôt fait au greffe de la justice de paix et du tribunal de première instance. Il indique également si la société doit ou non constituer un fonds de réserve.

L'extrait des actes et pièces déposées est signé, pour les actes publics, par le notaire, et, pour les actes sous seing privé, par les membres du conseil d'administration.

41. Sont soumis aux formalités ci-dessus prescrites tous actes et délibérations ayant pour objet la modification des statuts, la continuation de la société au delà du terme fixé par les statuts, la dissolution avant ce terme et tout changement à la dénomina-

tion, ainsi que la transformation de la société dans les conditions indiquées par l'article 57 de la loi du 24 juillet 1867.

42. Toute personne a le droit de prendre communication des pièces déposées au greffe de la justice de paix et du tribunal, ou même de s'en faire délivrer à ses frais expédition ou extrait par le greffier ou par le notaire détenteur de la minute.

Toute personne peut également exiger qu'il lui soit délivré, au siége de la société, une copie certifiée des statuts, moyennant payement d'une somme qui ne pourra excéder un franc.

Enfin les pièces déposées doivent être affichées d'une manière apparente dans les bureaux de la société.

FIN.

PARIS, A. RAMÉ, IMPRIMEUR-ÉDITEUR, RUE D'ABOUKIR, 6.

PARIS, IMPRIMERIE A. RAMÉ, RUE D'ABOUKIR, 6.

www.ingramcontent.com/pod-product-compliance
Ingram Content Group UK Ltd.
Pitfield, Milton Keynes, MK11 3LW, UK
UKHW021108290826
14628UKWH00014B/1310

9 782019 628789